至柔之道

费登奎斯身心学之基石

〔以〕摩谢·费登奎斯
（Moshe Feldenkrais）◎著
伊丽莎白·贝林格
（Elizabeth Beringer）◎编辑
龚茂富◎译

Higher Judo
Groundwork

北京科学技术出版社

著作权合同登记号 图字：01-2023-4135

图书在版编目（CIP）数据

至柔之道：费登奎斯身心学之基石 /（以）摩谢·
费登奎斯著；龚茂富译 . — 北京：北京科学技术出版
社，2024.1
    书名原文：Higher Judo: Groundwork
    ISBN 978-7-5714-3233-1

    Ⅰ.①至… Ⅱ.①摩… ②龚… Ⅲ.①柔道 – 基本知
识 Ⅳ.① G886.4

    中国国家版本馆 CIP 数据核字 (2023) 第 178151 号

策划编辑：张煜宽
责任编辑：曾凡容
责任校对：赵艳宏
版式设计：优品地带
责任印制：吕　越
出 版 人：曾庆宇
出版发行：北京科学技术出版社
社　　址：北京西直门南大街 16 号
邮政编码：100035
电　　话：0086-10-66135495（总编室）　0086-10-66113227（发行部）
网　　址：www.bkydw.cn
印　　刷：保定市中画美凯印刷有限公司
开　　本：710 mm × 1000 mm 1/16
字　　数：184 千字
印　　张：13.5
版　　次：2024 年 1 月第 1 版
印　　次：2024 年 1 月第 1 次印刷
ISBN 978-7-5714-3233-1

定　　价：89.00 元

20世纪30年代，身着道服的摩谢·费登奎斯

/ 致 谢 /

我要感谢我的好友和多年的教练、拥有柔道七段的川石酒造之助先生。本书插图中的人物代表了他和我。

我有幸遇到小泉郡司先生，并从他身上学到了很多知识。感谢他慷慨地贡献了他的知识，本书中的许多建议都来自他。

我非常感激拥有柔道五段的欧洲柔道联合会（European Judo Union）主席 T.P. 莱格特（T. P. Leggett）先生。他阅读了本书的初稿，并提出了批判性的建议，同时还针对技术实践提出了指导性的建议。我还要感谢我的老朋友 R.B. 赛尔·伊斯奎（R.B.Serle Ist Kyu）先生，感谢他持续地帮助我。

摩谢·费登奎斯
伦敦

/ 摩谢·费登奎斯小传 /

　　摩谢·费登奎斯于 1904 年 5 月 6 日出生于今天乌克兰的斯拉沃塔（Slavuta）。当他还是个小孩的时候，他与家人一起搬到了科瑞茨（Korets）镇。1912 年，他们搬到了巴拉诺维奇（Baranovich），这个城市现在属于白俄罗斯。第一次世界大战的战斗在巴拉诺维奇打响后，费登奎斯完成了 2 年的高中学业并系统学习了希伯来语。1918 年，费登奎斯 14 岁，他独自一人前往巴勒斯坦开启了为期 6 个月的旅行。

　　1919 年，费登奎斯抵达目的地后一直当工人谋生，直到 1923 年，他才回到学校继续求学，获得了相应的文凭。1925 年高中毕业后，他在英国一家测量室担任制图师。与此同时，费登奎斯参加了自卫组织。他在学习了柔术后，发明了自己的自卫技术。1929 年，他的膝关节在一场足球比赛中受了伤。在养伤康复的过程中，他完成了 *Autosuggestion*（1930 年出版）的撰写，把 C. 哈里·布鲁克斯（C. Harry Brooks）关于埃米尔·库伊（Émile Coué）自我暗示系统的研究成果从英文翻译成希伯来文，并在书中附了两个章节，表达了自己的见解。接着，他又出版了 *Jujitsu*（1931 年出版），这是一本关于自我防卫的著作。

　　1930 年，费登奎斯去了巴黎，进入了法国公共工程学院深造，1933 年从机械和电气工程专业毕业。1933 年，在与柔道创始人嘉纳治五郎会面后，费登奎斯开始再次教授柔术，并开始了他的柔道训练。同年，他开始在镭研究所担任弗雷德里克·约里奥－居里的研究助理，同时在索邦大学学习，后来获得了工程博士学位。1935—1937 年，他在阿奎尔－卡尚（Arcueil-Cachan）的实验室建造了用于原子分裂实验的范·德格拉夫（Van de Graaff）发生器。1935 年，他出版了本一经过修订的法国版希伯来文柔术书 *La défense du faible contre l'agresseur*。1938 年，他出版了 *ABC du Judo*。1936 年，费登奎斯获得了柔道黑带。1938 年，他获得了柔道二段段位并与约纳·鲁宾斯坦（Yona Rubenstein）喜结连理。1939—1940 年，他在保罗·朗之万（Paul Langevin）的指导下研究磁和超声波。

1940 年，在德国军队抵达巴黎时，费登奎斯逃到了英国。作为英国海军部的一名科学官员，他从 1940 年到 1945 年在苏格兰进行反潜研究。同时，他在那里教授柔道和自卫课程。1942 年，他出版了一本防身自卫手册 *Practical Unarmed Combat*。费登奎斯开始自己治疗在逃亡期间反复出现的膝关节痛疼。他的膝关节通过自我治疗恢复了功能，他最终可以在潜艇甲板上行走。费登奎斯做了一系列关于他的新思想的讲座，开始教授实验课，并与一些同事进行合作研究。

1946 年，费登奎斯离开海军部搬到伦敦，在私营企业中担任专家和顾问。他在伦敦武道会（Budokwa）柔道训练馆教授柔道课程，担任国际柔道委员会委员，并开始对柔道原则进行科学分析。1949 年，他出版了关于"费登奎斯方法"的第一本书 *Mature Behavior*，1952 年出版了关于柔道的最后一本书《至柔之道》（英文版）。在伦敦期间，他学习了乔治·葛吉夫（George Gurdjieff）、F.M. 亚历山大（F. M. Alexander）和威廉·贝茨（William Bates）的技艺，并前往瑞士跟随海因里希·雅各比（Heinrich Jacoby）学习。

1951—1953 年，费登奎斯回到以色列主持以色列陆军电子部的工作。大约在 1954 年，他搬到特拉维夫定居，并首次完全以教授"费登奎斯方法"维持生计。与此同时，他继续撰写在伦敦就提笔的 *The Potent Self: A Study of Spontaneity and Compulsion*。大约在 1955 年，他在亚历山大·亚奈（Alexander Yanai）街的工作室中教授他的"动中觉察"课程，并在母亲和哥哥居住的公寓里教授"功能整合"课程。

1957 年初，费登奎斯开始给时任以色列总理本 – 古里安（David Ben-Gurion）授课。

20 世纪 50 年代末，费登奎斯到欧洲和美国传播他的技艺。20 世纪 60 年代中期，他出版了 *Mind and Body* 和 *Bodily Expression*。1967 年，他出版了希伯来文版的《动中觉察》（*Awareness Through Movement: Health Exercises for Personal Growth*），1972 年出版英文版，2019 年由北京科学技术出版社出版简体中文版。

1968 年，他建了一个工作室用作他的功能整合实践的永久性场地，这也是他第一个师资培训项目的培训地点。1969—1971 年，共有 12 名学生参加了该项目的培训学习。

1975—1978 年，费登奎斯开设了长达 1 个月的国际课程，在美国旧金山开设的师资培训项目中培训了 65 名学员。他在 1977 年出版了 *The Case of Nora*，在 1981 年出版了 *The Elusive Obvious*。1980 年，他在美国马萨诸塞州艾默斯特（Amherst）培训了 235 名学员，但他只教授这个四年制项目的前两年。1981 年秋，他生病后就停止了公开教学活动。1984 年 7 月 1 日，费登奎斯逝世。

马克·瑞斯

/ 摩谢·费登奎斯作品一览 /

Body and Mature Behavior: A Study of Anxiety, Sex, Gravitation and Learning《身体和成熟行为：焦虑、性、引力和学习的研究》

The Potent Self: A Study of Spontaneity and Compulsion《成为有能的自己：探索自发性与强迫性》

Awareness Through Movement: Health Exercises for Personal Growth《动中觉察》

Body Awareness as Healing Therapy: The Case of Nora《诺拉的实例》

The Elusive Obvious《费解与显然：动作、神经可塑性和健康》

The Master Moves《大师之舞》

Practical Unarmed Combat《实用徒手搏斗》

Judo: The Art of Defense and Attack《柔道：攻防的艺术》

ABC du Judo《柔道入门》

Jujitsu《柔术》

Embodied Wisdom: The Collected Papers of Moshe Feldenkrais《身心智慧：费登奎斯文集》

/"费登奎斯方法" 简介/

"费登奎斯方法"是通过将身体运动作为媒介来研究身体功能改善和人类发展的一种创新方法体系。创始人摩谢·费登奎斯利用他在物理、机械工程和柔道方面的知识，开发了一个不同寻常的，融合了生物力学、运动发展、心理学和格斗科学的新学习体系。

作为一名柔道教练，费登奎斯注意到他的许多学生缺乏学习柔道所需的一些基本的感知觉能力。一些初学者有时甚至无法确定骨盆的起始和结束位置，更不用说那些在柔道中产生能量的复杂动作了。费登奎斯在《至柔之道》一书中提到，很多人脚步不够灵活，因而在日常生活中表现得动作僵硬。

许多人除了使用他们的脚的最原始功能之外，从来没有用脚做过任何其他的事情。结果，他们的脚的唯一用途就是像一个盘子一样支撑着身体。

费登奎斯将柔道视为一种超越格斗意义的人类基本运动教育。他曾评论道：

> 通常，除了局部的改善之外，在学习了更有区别和多样化的脚部使用的学生身上，可以观察到他们的总体活力显著增加。

随着费登奎斯指导的学生在柔道方面不断获得进步，他注意到，他们在协调能力、空间定位、平衡和自我形象等方面也有了改善。他将这些成人对基本能力的学习称为"成人的成熟化"。随着时间的推移，费登奎斯希望，让那些对柔道本身并不感兴趣的人，也能获得上述的收益。随着年龄的增长，他的这一愿望，变得愈发强烈。在"费登奎斯方法"中，革命性的转变之一是将疼痛、行为障碍，甚至心理问题视为错误的或不完整的教育引起的问题，而非需要医治的疾病。这是观念上的重大转变。他通过研究儿童是如何学会各种动作的，总结出了大量结论，并以此为基础，开创了全新的解决方案。

我们的姿势和动作都是后天习得的，这种习得并非是有意识的。因此，费登奎斯认为，身体上的困难或限制是不完整学习或创伤的结果，这可能会导致引起功能失调的习惯模式。

"费登奎斯方法"的实践有两种方式。第一种方式是动中觉察，即通过运动来感知。这一环节的组织是在群体环境中完成的。每个课程都有一个运动主题，从简单的日常动作（如到达）到复杂的未知动作（如柔道翻滚）。主题的设计主要取决于练习者的兴趣和能力。通过运动探索与定向意识相结合，可以创造出一种表现情况。在这种情况下，导致功能失调的习惯可以被观察到，同时练习者会对自己的运动模式产生全新的认知。在尝试调动自己的身体时，他们会有新的动力链选项。这些课程依赖于柔道的最少用力原则，即练习者要寻找通过最少的努力来完成动作的解决方案。柔道中追求的更少用力原则与生物力学的有效性相一致，因此，练习者可以在没有被严格教导的情况下，利用他（她）的神经系统的自我纠正能力来提高运动能力。第二种方式是功能整合，即个体化的实践。基于与小组课程相同的原则，在"一对一"的情况下根据自己最需要的东西来调整学习。两种方式都利用神经系统的自我组织能力，以实现更有效和功能化的行动。

"费登奎斯方法"已经获得了国际认可。这种方法证明了它具有改善身体姿势、灵活性、协调性、自我形象，以及缓解肌肉紧张和疼痛的功效。

/2010 年版出版人语 /

如今，摩谢·费登奎斯以"费登奎斯方法"身心教育创始人的身份而被人熟知。而在 1951 年，《至柔之道》在法国第一次出版时，他是以柔道教练和科学家的身份而广为人知。在费登奎斯的一生中，他涉足了三个不同的专业领域——物理学、柔道及身心学（somatics）。在费登奎斯所研究的领域中，很少有人能够达到他具备的专业水准。他曾经与法国物理学家、诺贝尔化学奖得主弗雷德里克·约里奥－居里（Frédéric Joliot-Curie）一起工作，一起发表论文；曾经是欧洲早期教授与传播柔道的团体中的资深成员，并且针对格斗技艺出版了 4 本著作；成功创立了"费登奎斯方法"。"费登奎斯方法"将柔道和物理学原理应用于解决人类身心的问题，如慢性疼痛、高水平表现和自我发展等。与费登奎斯的其他已出版的作品相比，《至柔之道》可以让人们更清楚地看到物理学、柔道及身心学的结合。

《至柔之道》第一次出版时以《柔道黑带》（*Jodo Pour CeinturesNoies*）为题，是一本法文书，是专门为高水平柔道练习者准备的参考书。一年后，这本书被翻译成英文在英国出版。尽管该书已经绝版数十年，但是它依然被翻印、传播、讨论，获得了极高的声誉。我作为一个长时间练习"费登奎斯方法"和合气道的武者，很早就接触了《至柔之道》，它对我的发展至关重要。本书的前几章特别说明了"费登奎斯方法"和柔道应用了相同的生成性原则。《至柔之道》是费登奎斯的最后一本柔道书，也是概念极其丰富的柔道著作。对任何希望了解费登奎斯的格斗背景和现在以他的名字命名的身心教育方法之间的关系的人来说，《至柔之道》不仅是一本具有指导意义的基础手册，而且是必不可少的读物。因此，看到这本经典著作再版，我感到非常开心。

新版本保持了原版的版式设计和文本，由小泉郡司（Gunji Koizumi）撰写的富有洞见的前言也被保留了下来。这次再版，我们添加了费登奎斯的一些历史照片，在结尾处增加了一些注释，同时增加的还有米歇尔·布鲁斯（Michel Brousse）、丹尼斯·莱里（Dennis Leri）和莫蒂·纳提夫（Moti Nativ）三人撰写的序言。米歇尔·布鲁斯是柔道研究方面的专家，他对柔道，尤其是对费登奎斯与其他人共同创办的第一家柔道俱乐部、法国柔道的历史进行了大量的研究，他的序言有助于人们将费登奎斯和《至柔之道》置于当时的历史背景之中。丹尼斯·莱里是费登奎斯的得意门生，他们曾经花了很多时间在一起讨论格斗的历史。[①]丹尼斯·莱里是"费登奎斯方法"训练师，并且长期练习格斗，他对费登奎斯的柔术研究与身心学之间关系的讨论是独一无二的。莫蒂·纳提夫是一位教授"费登奎斯方法"的教练，也是职业格斗家，他致力研究费登奎斯的格斗史，他撰写的序言主要是关于费登奎斯的思想演变、其思想在柔道领域的表现，以及"费登奎斯方法"是如何形成的。这三个新的序言无疑增加了本书的广度和深度。我非常感谢三位专家在百忙之中为本书写序。

我要感谢国际费登奎斯基金会（International Feldenkrais Foundation）允许我们使用其档案中的照片，感谢莫蒂·纳维（Moti Navi）和乔治·科鲁兹（George Krutz）的帮助，他们使本书的再版成为可能；感谢米歇尔·布鲁斯为我们提供了许多精彩的历史照片；衷心感谢费登奎斯家人对该书再版的支持；感谢戴维·扎克－贝辛（David Zemach-

---

① 见"The Extraordinary Story of How Moshe Feldenkrais Came to Study Judo" in *Embodied Wisdom: The Collected Papers of Moshe Feldenkrais* by Elizabeth Beringer, ed.（Berkeley：North Atlantic Books, 2010），这篇文章是丹尼斯·莱里对费登奎斯的采访，其中讲述了费登奎斯第一次见柔道创始人嘉纳治五郎的故事。

Bersin）、丹尼斯·莱里、卡罗尔·克雷斯（Carol Kress），以及我的丈夫拉斐尔·努涅斯（Rafael Núñez）给予我的帮助。最后，我要衷心感谢本书编辑松田久惠（Hisae Matsuda）女士，她的专业精神和细致使本书得以顺利出版。

伊丽莎白·贝林格（Elizabeth Beringer）

伊丽莎白·贝林格是摩谢·费登奎斯最早的美国学生之一。她是圣迭戈费登奎斯学院（Feldenkrais Institute of San Diego）的院长，她主要在欧洲和美国做项目培训。此外，贝林格练习合气道已经有 35 年了，她是黑带六段。

/ 序一　法国柔道先驱 /

　　摩谢·费登奎斯对法国柔道发展的贡献一直被忽视。当法国柔道联合会（French Judo Federation）请我写一本《法国柔道史》[①]的时候，我找到了 20 世纪 30 年代费登奎斯在柔道领域的影响力的确凿证据。费登奎斯的名字在现存的柔道文献中几乎被抹去了，他也在他的著作中带着一丝苦涩强调了这一点。出现这种情况的原因是多方面的，主要原因是一系列的世界冲突导致的：档案丢失、20 世纪 30 年代后期法国社会动荡不安、法国早期对柔道的发展研究不足，这些都导致有关摩谢·费登奎斯在第二次世界大战前在世界柔道界中所扮演的角色的信息缺失。但是，得益于费登奎斯的出版物，以及他的家庭成员、弟子和研究人员的不懈努力，费登奎斯的某些生活方面的记录逐渐清晰。因此，我十分高兴且备感荣幸，有机会向这位多才多艺的物理学家致以崇高的敬意。他机缘巧合地掌握了柔道技艺，并充分利用了这一技艺。

　　1905 年，日本格斗技艺（日本柔术）被引入法国。随即，它向欧洲人展示了一种全新的使用力量的概念，吸引了众多练习者，引发了一股柔术热潮。多年来，日本的几位柔术专家教授法国人练习柔术，但随着柔术热潮的减退，当初建立的柔术学校都没有开办下去。这种日本格斗技艺仍然带有神秘的异国情调，只有少数人练习柔术。到了 20 世纪 30 年代，柔术成为警察和军事机构课程的一部分。

　　摩谢·费登奎斯在柔术和柔道中的角色必须从一个完全不同的角度来理解。1930—1940 年，摩谢·费登奎斯生活在法国巴黎。为了躲

[①] Michel Brousse, Le Judo, son histoire, ses Succès,（Geneva, Switzerland: Éditions Liber, 2002）.

避德国纳粹的抓捕，他在1940年不得不逃往英国避难。在1930—1940年，摩谢·费登奎斯对法国柔术和柔道的发展起到了至关重要的作用。值得注意的是，法国第一个柔道教学组织就是由费登奎斯推动成立的。1933年，他还是一名本科生，就已经开始教授柔术课程。他在法国公共工程学院（École Supérieure des Travaux Publics，ESTP）读研究生期间，以及后来在镭研究所（Radium Institute）担任弗雷德里克·约里奥－居里的研究助理期间，一直在教授柔术课程。法国公共工程学院的主任莱昂·埃罗勒（Léon Eyrolles）和他在巴黎任大学体育主管的儿子马克（Marc）都被摩谢·费登奎斯所取得的成就深深打动，当得知费登奎斯在传播柔术陷入困境时，他们决定为他提供一间教室作为柔术训练室。

为了维持生计，费登奎斯不得不在晚上教授柔术。他虽然是天生的教育家，但他的学生大多是研究人员，所以他必须从科学的角度说服他们，如此才能成功地诱发出他们的"笛卡儿思维"。他本能地将

费登奎斯（右）与弗雷德里克·约里奥－居里

自己研究的物理学原理和自身丰富的文化背景应用到防身自卫的教学中。1933 年 9 月，费登奎斯机缘巧合地遇到了柔道创始人嘉纳治五郎（Jigoro Kano）先生。费登奎斯向嘉纳治五郎展示了一本他用希伯来文写的带有插图的柔术著作，他的才华给嘉纳治五郎留下了深刻印象，他因此得到了嘉纳治五郎的帮助。他们见过几次面，有过几次深入的交谈。费登奎斯经常使用嘉纳治五郎赠送给他的资料。与嘉纳治五郎一样，费登奎斯认为没有心理训练就没有身体训练，柔道练习应该是一种"心理再教育"。1936 年，费登奎斯创立法国柔术俱乐部（Jujitsu Club de France），嘉纳治五郎成为俱乐部的荣誉委员。摩谢·费登奎斯还邀请日本柔道家川石酒造之助（Mikinosuke Kawaishi）出任俱乐部的柔道教练。这位日本柔道家被费登奎斯赋予柔道的理性阐释所吸引。后来，费登奎斯成为川石酒造之助的助手、门徒和朋友。据几位在川石酒造之助遇到费登奎斯之前就认识川石酒造之助的柔道练习者透露，川石酒造之助曾经像其他日本柔道家一样使用传统的方式教学，

费登奎斯（右）与柔道宗师嘉纳治五郎

但在费登奎斯的影响下，川石酒造之助开始采用一种不同的教学方法。

在川石酒造之助的帮助下，费登奎斯编写了4本柔道手册，这在当时都是前所未有的。在这些著作中，他广泛地运用自己的智慧和科学逻辑，为柔道练习者安排了需要遵循的步骤，以帮助他们从初学者成长为柔道家。他拍摄了大量的图片，这些图片也成为本书插图的基础。

日本驻法大使杉村阳太郎（Yotaro Sugimura）与莱昂·埃罗勒、摩谢·费登奎斯的合影①

费登奎斯是法国柔道的先驱和奠基者，他为法国柔道的发展铺平了道路。但是，由于他不是法国人，他从川石酒造之助先生那里获得的黑带没有得到承认。川石酒造之助先生不是讲道馆（世界柔道

---

① 站立者左二为费登奎斯，左三为杉村阳太郎，左四为莱昂·埃罗勒。——译者注

总部）柔道段位的考评代表，尽管他颁发的段位在欧洲得到认可，但是在需要进行专门段位考试的讲道馆体系内并没有得到认证。尽管如此，费登奎斯的柔道专业知识奠定了他在欧洲为数不多的柔道初段持有者中的地位。第二次世界大战后，他出版的关于柔道的著作为他赢得了声誉，使他成为著名的柔道专家，也让他成为新成立的欧洲柔道联盟（European Judo Union）中柔道专家委员会（Council of Judo Specialists）的委员。在 20 世纪 50 年代早期，法国柔道社团迅速扩张，这要归功于川石酒造之助先生的贡献。费登奎斯的柔道弟子保罗·博内特－莫里（Paul Bonét-Maury）成为法国柔道联合会的主席。自此，新一代的柔道选手出现，法国柔道呈现出全新的发展局面。

1951 年，本书的法文版出版，次年被翻译成英文并出版。这是一本由专家写给专家们看的专著，也是一部鼓舞人心的、独一无二的杰作。

1939 年，法国柔术俱乐部的聚会，出席的人有让·扎伊（Jean Zay）、伊莲娜（Irène）、弗雷德里克·约里奥－居里、夏尔·法胡（Charles Faroux）、莱昂·埃罗勒、摩谢·费登奎斯、川石酒造之助，以及一些学生

这本书的历史价值不言而喻！书中记录了一些近几十年来因柔道竞赛规则改革而被舍弃，进而被人忘却的柔道技术。费登奎斯的独辟蹊径显然是创造性的。当大多数西方人的柔道著作把重点放在投技方面时，费登奎斯却独树一帜地聚焦于寝技。费登奎斯在书中阐述的一些问题常常被其他研究者所忽视，这表明他在柔道方面的造诣已经达到了非常精深的程度。之前一些关于柔道的研究著作基本上是描述性的和分析性的。然而，费登奎斯却与众不同，作为一名科学家，他将著书立说置于至关重要的地位，即强调每个动作的功能，详细说明其科学基础，并结合解剖学和心理学进行解释。

当今，柔道是一项以竞赛为导向的运动，也是一项针对青少年的教育。目前，关于柔道的研究大多强调运动表现和课程体系。费登奎斯的《至柔之道》毫无疑问是一本开创性的作品，不仅在刚出版时有创新性，而且直到今天依然充满魅力。感谢伊丽莎白·贝林格和北大西洋图书公司重新发行了这本开创性的著作，这本书的出版代表着西方柔道史出现了一个重要的转折点。

米歇尔·布鲁斯

2010 年 10 月于法国波尔多

米歇尔·布鲁斯：柔道黑带七段，在法国波尔多大学（Bordeaux University）从事体育文化史和柔道教学。他的著作包括 *Judo in the U.S.: A Century of Dedication*、*Le Judo, son histoire, ses succès* 等。他曾是法国国家柔道队的成员，目前担任国际柔道联合会的研究主任。

/ 序二　无道之道 /

　　任何认真学习柔道或格斗的学生都将从本书中受益，因为本书对寝技的战术进行了细致入微的分析，解决了许多柔道和柔术练习者练习寝技的痛点。本书中介绍的部分技术在当今很少被教授，一些技术甚至被很多道馆禁止使用，理由是这些技术会使练习者有潜在的受伤风险。我猜费登奎斯看到这种情形后会说："教练不教授的原因并不是这些技术有潜在的危险性，而是教练没有完全掌握这些技术或掌握得不熟练。"寝技精湛的教练会对费登奎斯在本书中提供的方法感兴趣。事实上，费登奎斯反复强调，如果你想取得进步，那么你有必要找一位优秀的教练。他写道："花两年时间寻找一位优秀的教练要比花两年时间跟随一位技术差的教练学习更明智，因为后者会让你逐步养成错误的练习习惯。"

　　在介绍技术内容之前，本书有几个具有启发意义的理论章节。本书不断地在西方的柔道练习方法（用物理学知识指导练习）和日本的柔道练习方法（传统练习方法）之间来回转换视角，深入浅出地进行阐释和论述。众所周知，费登奎斯发明的"费登奎斯方法"是一种非常有效的身心修炼方法。本书与"费登奎斯方法"有着同样的理论基础。基于此，本书也值得"费登奎斯方法"的练习者阅读，他们能够在其中找到很多与他们的练习相关的内容。柔道练习者若兼修"费登奎斯方法"，则可能会为其格斗技艺的提升打开新的通道。

　　摩谢·费登奎斯是一名在东欧长大的犹太人。1918 年，14 岁的他从现在的乌克兰步行到巴勒斯坦。他在巴勒斯坦参与了犹太人第一个定居点的建设工作。为了保卫他们的居民区，费登奎斯加入了当地的自卫组织，成为其中一员。20世纪20年代末，他从一些来自德国的柔术练习者那里了解了柔术并跟随他们学习。当那些学习柔术的人试图在战斗中应用他们掌握的柔术技术时却发现其作用并不大。于是，费登奎斯对学到的柔术技术进行了一些改造，并根据自己的研究写了一本书。他改造过的柔术技术经过实战检验是非常有效的。后来，费登奎斯离开巴勒斯坦到巴黎学习物理学和工程学。大约在1933年，他在巴黎遇到了柔道创始人嘉纳治五郎先生。嘉纳治五郎读过费登奎斯写的书，虽然他对这本书持批评态度，但是他从中看到了费登奎斯学好柔道和在法国推广柔道的潜力。因此，嘉纳治五郎从日本派了两名教练到巴黎对费登奎斯进行高强度的训练。他们的训练内容是嘉纳治五郎声称的"真正的"柔道。经过两年日复一日的训练后，费登奎斯创建了一个柔道馆。几年后，法国柔道联合会的联合创建人川石酒造之助加入了费登奎斯的柔道馆并担任首席教练，两人也建立了卓有成效的合作关系。1940年，费登奎斯逃亡到英国，并在英国海军部担任科学官员一职。在伦敦，他与柔道传奇人物小泉郡司和特雷弗·莱格特（Trevor Leggett）一起练习柔道，这也加深了他们之间的友谊。小泉郡司对费登奎斯的印象非常深刻，他认为费登奎斯不仅是一名优秀的柔道练习者，而且是他一生中遇到的众多杰出人物中最有人情味的一个。《至柔之道》首次出版于20世纪50年代，小泉郡司为其作了序。这本书不仅让我们洞悉了费登奎斯的柔道思想，也让我们深入地了解柔道。柔道引领了费登奎斯个人的成长和专业研究，并奠定了以他的名字命名的系统的身心练习方法——"费登奎斯方法"的基础。

为什么要学习柔道？我们学习柔道的目的是什么？谁应该学习柔道？如何练习柔道？高水平柔道技艺背后的科学原理是什么？费登奎斯在《至柔之道》中给出了答案，这也让此书从一本好书升华为一部经典著作。费登奎斯为了让我们了解其独特的柔道练习方法，采用了两条路径进行解释，即东方的"道"的观念与西方的科学探究方式。

费登奎斯（站立者）和他的学生们（1939 年）

费登奎斯的日本教练在教学过程中使用比喻法和类比法阐释了柔道难以捉摸的内涵，探索性的科学方法就像 X 射线一样，它可以洞穿柔道，揭示出训练的各个方面的力学原理和生理学原理。

本书有助于我们理解由几代柔道练习者和研究人员根据柔道技术和科学（包括费登奎斯所说的柔道中蕴藏的力学原理和我们今天所说的物理学知识）努力制定的练习方法。费登奎斯说：

> 柔道之道在于实践，正如科学之道在于思考。对我们而言，柔道之道和科学之道都十分新颖。这样说并不是因为我们的祖先从未使用过它们，也不是因为它们对人类神经系统的遗传而言是陌生的，而是它们系统地使用了以前未被教授的东西。

费登奎斯的老师都很伟大，他们很少靠机会或运气来决定如何做。费登奎斯非常尊重他们以及他们的实践、哲学和学习的传统。对费登奎斯来说，优秀的练习者和大师之间的区别在于是否想要以心求道、以身行道。

　　对大多数教练来说，柔道只是一种有效的格斗方法或自卫方法，仅此而已。按照这样肤浅的理解去教授柔道，其结果是连他们公开宣称的目标都达不到。

费登奎斯创造出"费登奎斯方法"，在很大程度上有赖于他的柔道背景。尽管他在"费登奎斯方法"中采用了他在《至柔之道》里提到的许多洞见和研究，但他不愿像在《至柔之道》中阐释柔道那样来表达他的"费登奎斯方法"。他不愿称自己的作品为"一种方法"，原因可能是他觉得不舒服，也可能是他太谦虚了。他没有将自己的著作或他所崇敬的柔道精髓称为"自我实现之道"，也没有称自己是这条路上的大师。

　　因此，所教授的动作或多或少是偶然的，是由次要因素决定的。它们是学习"道"的方法，即符合生理学原理的正确方式。

　　专业的柔道教练能够识别出任何偏离正确程序的细微偏差，因为他有一个非常精密的测量标准——最小能量原理，即消除任何动作中所有不积极合作的成分，以达到当前的目的。

　　他关心的是达到目的的方法，而不是行为本身。一旦掌握了更高效的控制方法，每一个新动作都不会带来新问题……那些有幸遇到大师的人认为这是他们一生中最重要的事情。

人们很容易引用书中的一个又一个短语、一个又一个见解。然而，我建议你自己去发现书中丰富的历史、哲学和技术资料。下面我将提供一些一般性的评论。

费登奎斯谈到了人想要进一步成长的一种内在冲动，这种冲动使人发展出尚未被开发的特质。他讲述了下面的故事。

日本有一位十分著名的女画家，她已经100多岁了。她曾经是一名教师，直到退休后，她才逐渐形成对颜色和形状的感觉。因此，她开始绘画，同时还能获得一份养老金。

"绘画"这个词的简单而又幽默的使用方式显示了"费登奎斯方法"的特点——经济和多变，意思是双重的，思路交叉而又不失清晰。他用层次分明的洞见来安排和强调他的论述，这是区分费登奎斯的独特的柔道学习方法和一般学习方法的关键。费登奎斯说："有经验的柔道运动员就像科学家一样，会用实验来检验自己的想法。"费登奎斯在日本教练的高强度一对一训练中，不仅掌握了练习柔道的技巧，

费登奎斯（施技方）与川石酒造之助在法国柔术俱乐部演示投技

也认识到"道"的巨大价值。费登奎斯无疑是一名高水平的柔道选手，但他却说自己的水平远不及他的教练。费登奎斯不仅是世界级的物理学家，而且他的柔道技术也受到人们的追捧。毫无疑问，有一些科学家获得了高水平的柔道技能，有一些柔道练习者也成为资深科学家，但很少有柔道练习者对格斗做详尽的科学研究。费登奎斯对柔道和物理学的热情是显而易见的，并且富有感染力。

在本书中，我们发现重力对于身体和技术的意义是限制一个人的生理发展。费登奎斯在柔道研究中发现的乐趣是显而易见的。他说，正确的投技令人感到兴奋，从摆脱重力中获得愉悦是练习的核心。

> 当我们运动时，任何动作的表现都是令人兴奋的……这种令人兴奋的感觉在大多数身体技能的传授方法中都很常见，教练的水平越高，这种感觉出现得就越频繁。在柔道训练中，找到这种令人兴奋的感觉是训练的本质，要一直训练到练习者能克服对手的抵抗而顺利完成动作，这样才算找到感觉。

学习、练习和完成任务所带来的快乐更有价值，因为这是一种用金钱买不到的感觉。这种感觉只能通过自己的努力来实现，通过对自己的思想、意识、感觉和行为的彻底"再教育"来实现。它是把防身自卫的艺术作为一种手段来实现人与自然或宇宙本身和谐相处的目标。只要有合适的教练，有学习正宗技巧的机会，有好的搭档，就有了将高水平柔道技术培养成第二天性的机会。第二天性是指技术熟练程度达到一个更高的水平，与自己的本能完美融合。不言而喻，对任何客观的观察者来说，第二天性应该包含技能水平。事实上，一个人完成技术既可能很完美，也可能不完美。正如一位教练提到另一位很受欢迎的教练时说："获得柔道十段的人可能只掌握了一段的技能！"

使用物理学来阐释柔道意味着在援引合适的自然法则的同时，还需要使用科学的工具。最新的物理学思想认为，自然法则是一种自时间开始就在进化的习惯，这种习惯至今仍在进化。同时，制定这些法则的方法也在不断发展。小范围的实验观察和分析必须考虑观察者的影响。在以人为本的层面上，研究的方向正转向这样的问题："什么是观察者？""应该观察什么？"在许多关于观察者的研究中，缺乏一种"实践"的概念，这种概念旨在改变观察者体验世界和看待自己的方式。在这方面，柔道及其他格斗术都能提供很多的案例。19 世纪，随着现代物理学的诞生，经验研究也随之分为身体领域的研究和心理领域的研究。但是，学科的分裂并不意味着精神和肉体不能建立在一个共同的基础上。物理学和柔道也并不像人们想象的那样各自独立。

"物理"这个词来源于古希腊语"physis"，它通常被翻译为"自然"。与其现代的定义相比，最初它的含义更丰富且具有不确定性。古希腊人将"physis"理解为自然，但不是我们今天所理解的很宽泛的自然，而是一种与生俱来的东西——每种物体都有其自身的本质。作为"physis"的自然包括了出生的意义，以及伴随任何事物成长和持续产生的思想、目标、情感或感觉。这是一种物质性，它让我们觉得什么是正确的或相关的，就像我们在柔道垫子上的思考或施展技术时的感觉一样明显。它具有动态稳定性的本质，这在任何事物的外表中都是显而易见的。换句话说，感知和认知不是发生在我们身上的事情，而是我们所做的事情。人类和物体通过相互作用而进入一个持久的运动控制中。一个人可以通过训练来引导自己与自然结合，但不是单纯地使用一种技术，而是通过采取与这种技术（即自然的技术）融为一体的方式来实现。

练习者将他们的训练与自己的本性相融合，使新的行为模式成为第二天性。古希腊人称这个过程为"phusiopoiesis"，意思是使一个人的本性成为自然的持续运动，有秩序，是自然的存在。事实上，在古希腊的格斗训练中，"kairos"（时间）是一个中心概念。"kairos"

具有伦理、美学和实用主义的含义，它指的是在正确的时间里和正确的理由下应用正确的技术所产生的影响。

"physis"和"kairos"是相关的，不像现代物理学中的物质和时间，而是一种通过训练可以获得的认知。这种认知是一种理论结合实际的可靠经验，昭示着生命的真谛，激励我们不断训练，在实践中检验所学的知识与技能。这需要人有一种韧性，一种思想和行动的灵活性，费登奎斯称之为"可逆性"。

> ……在柔道中，以如此的决心去尝试做任何事情，以致在必要时无法改变自己的想法，这是十分糟糕的……

嘉纳治五郎和费登奎斯诉诸原则。原则是普遍的约束，是训练有素的支撑和支柱。柔道对人们来说是正确的运动。在某些时刻，一个人学会了一种"从传统中独立出来"的运动，一种产生"无道之道"的生存运动。这种运动对高水平柔道练习者来说并不陌生，不需要深谋远虑，也不留痕迹。如果实践中没有原则，那么实践就毫无意义。为此，一个人需要学习柔道的知识体系，需要一位优秀的教练，需要自我激励的原则。

你读这本书可能是为了学习防身自卫的技巧。毫无疑问，如果你是一个认真学习格斗的学生，那么你会发现本书中所讲述的技术是无价之宝。要掌握它们，你可能需要进行更彻底的"再教育"，而不是简单地对进攻做调整。你可以在学习柔道的过程中寻求一种更深层次的意义。你如果要这样做，就必须投入必要的时间和精力。学习和教授"费登奎斯方法"的学生和教练都感谢费登奎斯对柔道的研究，因为柔道让他们对身心有了更深刻的见解。从某种意义上说，"费登奎斯方法"是这些见解的外在化，使更多的人能够了解这些见解。无论你出于什么理由捧起本书，它都值得你一读再读。最重要的是，它支持你把"道"付诸实践。

丹尼斯·莱里

2010 年 10 月于美国加利福尼亚州圣拉斐尔

（San Rafael, California）

　　丹尼斯·莱里是第一届北美"费登奎斯方法"培训项目班的毕业生，也是摩谢·费登奎斯非常喜爱的一个学生。莱里在东西方哲学、心理学、诗歌等方面受过广泛的训练。他的格斗实践包括拳击、合气道、陈氏太极拳和拦手功夫。莱里目前正在实施新的"费登奎斯方法"教练培训项目，并在加利福尼亚州圣拉斐尔有一家私人事务所。

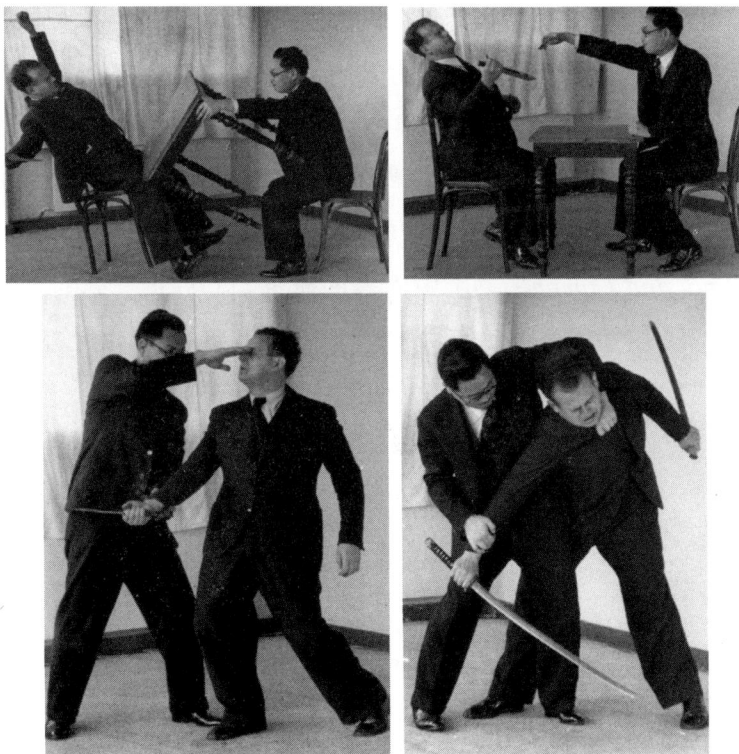

费登奎斯与川石酒造之助演练柔术

/ 序三　人生拐点 /

《至柔之道》是费登奎斯博士人生中的一个转折点。这本书是他作为一位格斗家，特别是作为一位柔道练习者而写成的。在此之后，他基本上退出了格斗圈，并开始将他的时间和精力投入发展和推广成人再教育方法中，也就是现在广受赞誉的"费登奎斯方法"。本书是费登奎斯写的最后一本关于格斗的著作，其中包含了形成"费登奎斯方法"重要概念的思想和原则。

《至柔之道》前四章所阐述的思想和术语，只要稍加改动，就是早期关于"费登奎斯方法"的介绍。当考虑到费登奎斯同时致力对《至柔之道》和1949年出版的《身体与成熟行为》（*Body and Mature Behavior: A Study of Anxiety Sex, Gravitation and Learning*）及推迟到1985年出版的《成为有能的自己》（*The Potent Self: A Study of Spontaneity and Compulsion*）中内容的研究与写作时，这种联系就变得更明显了，这些作品创作于1946—1948年。在《至柔之道》中，费登奎斯声明："柔道的基本目的是引导、帮助和促进一个人达到一种很难达到的理想成熟状态。在这种状态下，他能够不被之前习惯的想法或态度所阻碍，完成当前紧急的任务。"在文中，你会发现可以将"柔道"替换成"费登奎斯方法"，因此本书的内容也可以用来描述"费登奎斯方法"。

在写作《至柔之道》之前，费登奎斯写了4本关于格斗的书。他早期的论述中就已经出现了一些后来发展为"费登奎斯方法"的新概念。目光敏锐的读者可以了解"费登奎斯方法"相关概念和术语的演变，

这些概念和术语在他后来的作品中得到了更充分的解释。在他于 1931
年出版的《柔术与防身自卫》（*Jujitsu and Self Defense*）一书中，他
谈到了受身："练习前后受身是十分必要的，因为受身带来的好处是
很多的（我自己因为知道如何受身才两度免于死亡）。这不仅在格斗
对抗中很重要，在一个人的日常生活中也很重要。"在《至柔之道》中，
他的观点和语言更精练，他这样谈受身技术："通过教授正确的受身
技术，我们促进了人的成长，使其更能摆脱重力的影响。"在 1938 年
出版的《柔道入门》（*ABC du Judo*）一书中，他用一章的篇幅论述了
"不稳定的平衡"。在《至柔之道》中，这个术语被精炼为"动态稳
定性"，他将技术与人的成长联系起来。"动态稳定性"的概念成为"费
登奎斯方法"实践的核心，并被直接应用于功能性姿势、行走和其他
日常活动。在 1941 年出版的《柔道：攻防的艺术》（*Judo：The Art of
Defense and Attack*）中，他引入了"理想行为的心理意象"的概念，
在 1942 年出版的《实用徒手搏斗》（*Practical Unarmed Combat*）中，
他谈到了快速行动的能力，这种能力是通过大量慢动作的练习而获得
的。在学习过程中缓慢练习动作的必要性成为"费登奎斯方法"的基
本原则。

《至柔之道》代表了费登奎斯的人生和学习的一个发展阶段。我
们不要忘记它是由一位柔道大师写的，不是一本为初学者写的书。有
经验的柔道练习者第一次看到此书时会觉得它很新鲜、很有创意。

费登奎斯在他的格斗生涯顶峰时期退隐了。他是公认的成功的柔
道、柔术教练与专家。1948 年 7 月，他当选为欧洲柔道联盟第一届理
事会成员。根据会议的协议，理事会不代表国家利益，而是由真正的
柔道专家组成。具有传奇色彩的柔道大师小泉郡司同意撰写《至柔之道》
的前言，这就证实了费登奎斯的柔道专家身份。小泉郡司认为费登奎
斯提出的练习柔道的原则巧妙而独特，他赞赏费登奎斯的理念，即柔
道是一种重要的教育工具，可以促进人的成长，帮助人们实现自我发

费登奎斯于 1931 年出版的 *Jujitsu and Self Defense* 中的照片。
费登奎斯在 1933 年与嘉纳治五郎见面时展示了这张照片

展的目标。

　　为什么摩谢·费登奎斯会退出格斗圈？我认为一个主要的原因是他的膝关节受伤，也许还有其他的因素。在这一时期，柔道正在发生转变，传统的柔道被竞技柔道取代。在《至柔之道》中，费登奎斯展示了许多被如今的柔道练习者所抛弃的技术，因为它们在比赛中被禁止使用。我相信，费登奎斯的思想与嘉纳治五郎、小泉郡司、川石酒造之助和其他日本柔道大师所传授的柔道的深层意蕴异曲同工。他坚信："柔道应该作为教人以成为人的手段而被更广泛地教授。"

　　不在道馆练习柔道并不意味着费登奎斯放弃了柔道。柔道中的身体和精神原则已经成为费登奎斯身体和灵魂不可分割的一部分。他的私人图书馆收藏了大量的柔道书籍，他经常谈论柔道大师的高超能力。柔道的基本动作使他开发的动作课程和柔道原则具备鲜明的特性，如计时和破势可以在"功能整合"技术中找到。

我认为如果不提摩谢·费登奎斯与他的最后一位柔道教练小泉郡司（1885—1965）之间的联系，这个序言就不够完整。费登奎斯非常钦佩小泉郡司，在教授"费登奎斯方法"时经常提到他。小泉郡司的书（*My Study of Judo*）是费登奎斯私人图书馆的珍贵藏书，他一生都在查阅这本书。在"与生活方式有关的柔道教育"这一章中，小泉郡司写道："柔道是建立在平衡和杠杆定律基础上的艺术，但对柔道的其他研究延伸到了生活方面。柔道中的心理、精神意识，以及因果定律，一起融入实际生活的艺术中。"把"柔道艺术"换成"费登奎斯方法"，你就可以获得"动中觉察"的简明定义。这只是众多展示费登奎斯对他所学到的柔道理念进行再创造的例子中的一个。

"费登奎斯方法"的实践者们可以把本书看作是"费登奎斯方法"哲学基础的原始版本，可以从本书所阐述的柔道技术中了解许多"动中觉察"形成的过程。

费登奎斯博士研究柔道，并写了许多关于柔道的书。他的天赋有助于人们更好地理解柔道。在他看来，柔道的主要用途是作为教人以成为人的工具和防身自卫的手段，这也是"费登奎斯方法"的核心要素。

莫蒂·纳提夫

2010 年 10 月于特拉维夫

莫蒂·纳提夫是"费登奎斯方法"的实践者和格斗家。他创建的武道馆在以色列各地都有分支。纳提夫在以色列、美国、欧洲各国和日本教授格斗并组织"费登奎斯方法"研讨会。他住在以色列特拉维夫。

/ 序四　柔道能帮助人实现和谐统一 /

　　柔道的原理就像水的本质一样。水流可以达到一个平衡的状态。水没有自己的形状，它可以被塑造成容纳它的容器的形状。水的涌动是不可抗拒的，它可以渗透到一切地方。水无处不在。当水被加热到蒸汽状态时，它将有足够的能量撕裂地球。水在冻结时犹如坚硬的岩石。它的服务是无限的，它的用途也是无限的。水的流动有时像尼亚加拉瀑布一样汹涌湍急，有时像池塘的水一样平静，有时像激流一样可怕。柔道的原理也是如此。

　　柔道在形形色色的标签下被商业化，有很多关于柔道的书问世。这些书要么受新闻的影响很大，要么只是些初级的入门书。

　　费登奎斯博士对这个问题进行了认真的研究，他自己也获得了黑带段位。他以科学家的视角，根据物理、生理、心理学的规律研究和分析了柔道，并在本书中报告了他的研究成果。这对我们这个时代的科学思维具有启发意义。费登奎斯的研究非常有价值，它能让人们更充分地理解并欣赏柔道的优点。人们对这样的研究也是期待已久的。

　　费登奎斯博士诠释了柔道训练如何培养出一个能够克服遗传缺点的人。这句话是他著作的基调和标志。众所周知，柔道练习能提高人的平衡感和自信心，可以帮助人培养克服蛮力和遗传缺点的能力，但这些效果的逻辑和科学原因却未被探索。费登奎斯博士以其广博的学识、敏锐的观察力和娴熟的语言技巧，阐明了重力、骨骼、肌肉、神经、意识之间的相互关系及相互交织的作用，并为更好地理解这些原理开辟了道路。

　　然而，科学研究的本质是一种有意识的认知。因此，读者必须把这个理论付诸实践，并且在领会它的主张或从中获得充分的实际利益之前，以超越意识的状态来消化和吸收它。练习柔道时应该记住柔道的更广泛和更基本的内容。作为一种艺术和哲学，柔道的最终目标是帮助人实现与生活现实相一致的和谐统一，简而言之，就是实现人与自然的和谐统一。

小泉郡司

/ 前 言 /

　　本书是为那些已经具有了基本柔道知识的人而写的，对那些能够深入理解柔道练习原则的人来说，本书应该具有更大的价值。任何一本书都不能取代一位好教练。希望那些有幸拥有一位优秀柔道教练的人能够在教练的帮助下发现本书的更大价值。

　　一个人若没有很强的领悟能力，对柔道没有兴趣，则很难学习柔道。如果你能理解这一点，你的柔道训练将事半功倍。

　　大多数体育活动都是以这样或那样的方式对我们的性格养成产生积极的影响，柔道也不例外。柔道应该作为促进人的健康行为的手段而得到推广。就像在进入大学之前要学习一门必修学术课程一样，柔道课程对任何身体活动来说都是必要的。这是一种理性的且有充分依据的陈述，而不仅仅是一种带有信仰意味的情绪化表达。

　　我们如果仔细探究一下，就会发现人们学习柔道的原因有以下几种。① 意识到自己的精神和身体不协调。如果他们能以一种更和谐的方式利用自己的身体，就可以从自己的各种努力中得到更令人满意的结果。② 渴望获得防身自卫的技能。③ 意识到自己的体力不足。④ 被柔道非凡的技艺所吸引。⑤ 想找到一种有趣的娱乐方式或体育活动方式。

　　总之，大多数人学习柔道，无论是有意识的还是无意识的，都是为了寻求进一步的发展，或者是使他们与环境之间的关系更为和谐。许多柔道教练没有充分认识到这个问题，也没有意识到柔道作为一种更好地适应社会的教育方法，其真正的重要性。他们常常将柔道作为一种有效的防御或攻击手段。这些教练仅仅是教授简单的柔道技术，这可能是因为他们没有通过正确的渠道学习柔道，他们虽然熟练掌握了柔道的基本技术，但没有实现与社会环境关系相协调这一主要目标。

柔道的基本目标是教育、帮助和促进人的成长。一个人理想的状态是能够不受早期形成的思维习惯或态度的阻碍处理眼前的任务。乍一看，许多柔道练习者可能很难看出动作练习和意识之间有任何联系，因此，我有必要进行一些阐释。

动物的生物学特征和身体结构特点限制了它们的活动范围。身体必须保持温暖，通过饮食获得营养，必须远离有害的、尖锐的、坚硬的物体等。我们一般是从父母那里或通过自己的实践获取这些知识。在一定程度上，我们不会受到这些限制的约束，因为我们已经习惯了这些限制，以至于大多数时间都没有意识到它们的存在。

举个具体的例子。有些人会突发痉挛或癫痫，当他们康复时后，他们对身体的意识就会逐渐变得强烈起来。如果没有相关的知识，他们将对此无能为力。但是，通过确切地了解糖是如何被身体吸收和利用的，我们就会发现在某些情况下癫痫是胰腺的腺体功能失常所致，注射胰岛素后，癫痫就会消失。如果我们知道腺体再生的方法，或者知道使它生长和运作的神经，那么我们就可以有效地控制癫痫。

更具普适性的例子是我们对重力的依赖。身体是物质性的，所以它被地球吸引。只有当我们学会控制我们的身体，摆脱这个普遍的、永不停止的引力时，我们所有的行为才能实现。

适合直立行走的人特别依赖重力，甚至比任何其他高等动物都要依赖。著名的杂技演员就能够表现出获得高度独立于重力的能力，所以我们通常把他们称为"空中飞人"。通常情况下，我们没有达到像专业的杂技演员那样摆脱重力所必需的时间。杂技演员需要充足的时间来训练以克服重力，而柔道不需要。

父母认为，我们在童年时有必要花一些时间在学习和掌握独立于重力的能力上。人在进入社会的早期，对重力的依赖更大。然后，我们必须学会适应社会，最终成为一个完全成熟的成年人。

随着获得的新知识或新技能的增加，我们也逐渐获得越来越多的独立性，甚至能永久性地摆脱一些约束。

就像杂技演员和重力的例子一样，我们在众多功能中真正拥有的独立程度取决于我们所处的时代、年龄、社会环境，以及我们在社会中的地位。

我们可以清楚地看到，每个人都有一些倾向或能力。如果他们的职业生涯不同，他们的能力发展也会不一样。我们必须考虑自己实际的个人成长环境和经历，而不是只立足于遗传所得。因此，可以说，尽管我们在法律上被认为是成年人，但我们的性格或某一些能力可能仍然仅停留在婴幼儿、儿童或青少年的程度。

从这个角度来说，有一些被认为发展得较为理想的成年人在某一方面的能力可能仍然相当薄弱。在正常生活中，这方面的能力可能是次要的。每个人感兴趣的事情都与自己的性格和所获得的技能有关，且所获得的技能相对于他所处的时代和环境中的大多数人来说已经达到了成熟的程度。

然而，很多人往往会意识到自己的某些特征还处于未开发的状态。一旦有机会，他们的内心深处就有一种推动这些特征发展的冲动。有些人很晚才开始学习演奏一种乐器。日本有一位著名的女画家，她原本是一名教师，直到退休后才开始培养对颜色和形状的感觉。所以，她退休后才开始学习绘画。

通常情况下，当人们在成年后开始开发自己的一部分潜能时，我们会把他们后期的尝试看作是他们的一种爱好。我们用"他们的青春"进行赞赏是正确的，但如果"孩子气"这个词用在成年人身上没有贬义的话，那么我觉得用"孩子气"来形容他们更合适。

有些调整对任何成年人的生活来说都非常必要，因为如果我们的某些方面不能实现完全独立，那么我们就无法获得令人满意的生活，更不用说过上幸福的生活了。

　　除了一些重要的生物学功能，如呼吸、血压等之外，人的生命的实际类型或者对生活中的痛苦的特定调整并不是固定不变的。所有其他方面，如对异性、权力、权威和所有社会约束的适应等也不是固定的，它们随着时间和地点的变化而不断变化。

　　在这个时代，我们很少发现人们有理想的机会在成熟的成年期充分发挥他们的潜能，造成这一可悲结果的主要原因是我们的父母和教练的愚昧无知。所以，我们在青春期或更晚的时候要自己独立处理所遇到的事。我们发现，获得新的行为模式是有必要的。也就是说，我们需要进行一些调整，以使我们向以前被禁止或完全被忽视的方向发展。在我们的社会中，有太多人的潜能因为在开发过程中受到约束或受到阻碍而被武断地埋没了。让我们看看柔道如何能帮助我们摆脱困境。

目录

001 | 第一章 掌控你的身体

017 | 第二章 动作与动机控制

021 | 第三章 我们该从何练起?

027 | 第四章 固定与控制的奥义

031 | 第五章 垫上辅助练习

037 | 第六章 战术博弈

045 | 第七章 双人对练

053 | 第八章 从六点钟方向施技

077 | 第九章 从右边或左边施技

107 | 第十章 从头部施技

121 | 第十一章 在骑跨体位施技

141 | 第十二章 从背后施技

155 | 原始照片

169 | 译后记

172 | 相关竞赛规则

174 | 跋

第一章　掌控你的身体

　　培养成年人独立似乎是一项艰巨的任务，如何开始、从哪里开始，一切看起来都很难。柔道在这项任务中与其他学科有什么不同之处？

　　值得注意的是，柔道不再强调遗传因素的重要性。我们发现，一个人的体型、体重、力量、外表与他能学会的事情没有多大的关系。此外，坦率地承认自己身体上的缺陷，我们就有能力在适当的时候把缺陷变成优势。一个人现在能做什么主要取决于他的个人经历，以及他的思想、感觉和行为习惯。

　　一般而言，无能为力感是由恐惧、偏执及对外界扭曲的认知造成的。我们所要教授的是一种不带感情的客观活动，它与是什么人或他们有什么感觉无关，我们需要证明的结果完全取决于什么时候、做什么和如何做一件事，而不取决于其他因素。例如，一个60岁以上的人可能是一个小个子，可能看上去很弱小，但他能控制一个强壮的年轻人，使这个年轻人就好像没有自己的意志一样。这只有通过柔道练习获得客观、非感性、纯机械性的思维与行动习惯后才能实现。以下是我们为实现这一目标所要做的事。

　　首先，柔道是赤脚练习的。许多人除了使用脚的最原始功能之外，从来没有用脚做过任何其他的事情。所以，他们脚部的唯一用途就是像平板一样支撑身体。多年来，双脚的肌肉在大部分时间都保持一种固定的收缩状态，双脚正是在这种状态下发挥它们的功能。在极端的情况下，双脚完全排除了其他模式，以至于在平坦的地面上变得僵硬，除了静止站立之外，几乎没有其他用途。当改变足部形状，即改变足部不同肌肉的收缩模式时，就改变了足部骨骼的相对性结构，有些太短的韧带拉伸到一定长度时会令人十分痛苦。人们在保持脚的习惯使用方式的同时，使腿、骨盆和身体其他部分被迫采取异常的姿势，以使自身的移动成为可能。他们比其他人更容易感到疲劳，更容易变得暴躁。他们的动作缺乏变化，不会放松，因此他们在很多方面都显得很奇怪。

有相当多的人只能部分控制或根本无法控制脚趾，他们的步态和仪态也会受到脚趾的影响。当然，重要的并不是他们有这个非常小的缺陷，而是他们的中枢神经系统的某些部分没有运行，所以他们只能做出预先选择的动作。当这种情况发生在视觉中枢或其他任何我们的行动更直接依赖的中枢系统时，结果是显而易见的，甚至每种缺陷都有一个专门的词来描述。在某种程度上，不能完全使用我们力所能及的任何动作就是一种缺陷，会对我们的行为产生深远的影响。本书将在后面更充分地讨论这个问题。

根据成年人独立性的说法，只能有限使用双脚的人被视为脚仅达到初级独立程度，他们仅仅使用了脚的原始站立功能。精通柔道的教练会尽最大努力使他的学生在这方面更加成熟，会向学生表明这本质上是一个学习的问题，而不是身体缺陷。因此，精通柔道的教练实际上是在帮助他的学生走向成熟。通常情况下，学习了脚部多样化用法的学生除了使身体局部得到改善之外，也会变得更有活力。

其次，柔道练习的第二个显著特点是受身（倒地）的技术。大多数人在相当长的一段时间内都能保持直立的姿势，且在婴儿期之后就不用再去适应重力了。约翰尼（Johnny）父母的身体不够灵活，摔倒时或多或少会造成一些伤害。每当约翰尼需要努力控制身体、保持平衡时，他的耳边总会响起父母的提醒："小心点，亲爱的。"当约翰尼到和他的父母一样的年龄时，他也变得容易摔倒并受伤，而且害怕任何突然的姿势变化。一个人对坠落的恐惧，或者更准确地说是对坠落的反应，可以在其出生后就立即观察到。因此，一个人学习正确的倒地技术，可以变得更加成熟，更能摆脱重力的羁绊。

我们注意到有些人对跌倒的恐惧非常强烈，以致我们在教授受身技术时非常谨慎。即使他们的平衡只是受到轻微的破坏，他们的身体也会变得非常僵硬。此时，他们的身体呈现出许多姿势，在与垫子接触时就会有不适感。一般来说，上述这些人也会表现出明显的双脚使用障碍，这并不奇怪。对仅具备初级控制能力的人来说，他们的经验是，任何意想不到的、被迫的姿势改变都意味着伤害。大多数人很少意识到他们的性格、倾向与好恶背后的深层动机。对很多人来说，上述仅具备初级控制能力的人所遇到的情况可能是微不足道的。值得深思的是，虽然舞蹈、足球、滑冰或类似运动项目的运动员以极大的毅力练习达到一定的专业程度，但是这些运动要求运动员有极大的灵活性。因此，一个人一方面出于需要而工作，另一方面想享受创造性工作带来的乐趣，而这种状态在人摆脱重力之前是永远无法达到的。柔道教练如果清楚地知道这一点的重要性，他就不会给他的学生布置过于严苛的任务，而是会耐心地指导学生。他会把被无知夺走的发展成熟、和谐的人格的手段还给学生。他得到的回报将是其学生的性格变得开朗，人格更加健全。

如何消除人们对坠落的恐惧超出了本书所要讨论的范围，你可以参见《身体与成熟行为》（by M. Feldenkrais, Routledge & Kegan Paul, London.）。

再次，柔道与大多数学科的第三个不同点是，从第一节课开始，学生就被教导要以一种与自己平时完全不同的方式控制自己的身体。你可能会提出这样一个问题，即与我们正在使用的行为模式完全不同的模式是否会更好？我们的行为方式是在社会中形成的，在这个社会中，有序的安全感及与生俱来的个人品质都是值得骄傲的，而缺陷则令人感到羞愧，因此人们常常会隐藏缺陷。通过这种方式形成的思维和行为习惯在我们面临社会地位无法影响行动结果的任务时就无济于事，而当我们为自己设定在大多数情况下都能实现的目标时则较为妥当。这就要求我们在精神和身体上的灵活性要远远超过我们在当前社会环境中所形成的灵活性。

通常情况下，我们会用更强大的力量来维持我们的站立姿态，以使我们的身体保持稳定。在柔道中，我们教授的是一种功能性稳定。尽管这种功能性稳定对任何其他目的或任何时间来说都是不稳定的，但它要解决的是我们面前的问题，或它本身就是我们要执行的动作。我们试图在目前的情况下调动身体所能为了实现当前的目的而抛弃一切无用的东西。

如果你仔细观察图 1-1，你会发现施技者也处在坠落的边缘。坠落的身体能提供平衡力，并使施技者保持直立。在图 1-1 中，两人的身体靠施技者的脚趾保持平衡。施技者已经学会摒弃所有关于稳定、安

图 1-1

全和力量的僵化观念，把自己的身体调试到最完美的状态并在不受重力影响的情况下实现他的目的。

有经验的柔道练习者像科学家一样，他们会用实验来检验自己的想法。当"动态"一词与人的行为联系在一起时，通常表达的是比静态更好的意思。力学中不可能有这种情感上的偏爱，静态和动态稳定性在事物的一般秩序中都有自己的位置。同样，没有理由因为我们教授的是一种"不同的"或"新的"使用身体的方法，就认为它比旧的方法更好，或应该有任何好处。原因是我们在所有那些具有良好的成长经历，并已成功地以其大部分能力达到成熟境界的人身上都能找到这种"新的"方式和动态稳定性。柔道对那些被阻碍正确发展的人来说是全新的方式。他们的个人经历导致了发展不和谐，无法发挥他们所有的潜能。他们的性格中的某些方面过于活跃，而在某些方面则处于待激活的状态。

就像说话一样，动态稳定性与人的发育过程相适应。它们都要经历从早期阶段到成年阶段的。大多数人的动态稳定性在发育过程达到最终水平之前就停止了。让我们看看动态稳定性为什么对人类如此重要。

人类直立行走的方式与两足动物在短时段或更长时段内所采取的姿势有很多的不同。当人类正确地保持直立姿势时，身体绕垂直轴旋转只需要很少的能量。舞者或滑冰者能多次重复地以单脚尖旋转仅仅是由于初始冲量，再加上微小的额外力量。在任何其他的姿势中，如胳膊和腿在展开的状态下，即使再用力也很难完成超过一圈的旋转。在力学中，我们认为当物体的质量离旋转轴越远时，物体转动的惯性就越大。转动的惯性随着物体离旋转轴的距离的增加而迅速增加，它与距离的平方成正比。也就是说，当距离增加2倍时，惯性是原来的4倍。因此，身体保持完全直立的人有更好的旋转能力。一名优秀的斗牛士在斗牛的瞬间将这一点发挥得淋漓尽致。他踮起脚尖，尽量使双脚间的距离变窄，双肘紧贴身体，头部挺直，直到最后一刻。这种姿势使他能够在关键时刻躲开冲劲十足的公牛。

善于观察的柔道练习者肯定已经注意到，所有的投技动作都需要身体旋转大约半圈，需要更长的时间来学习。有些人从来没有在柔道比赛中利用精湛的投技赢得胜利，部分原因是他们的教练本身对投技所涉及的原则不清楚。观众通常非常喜欢欣赏投技表演，因为他们可能会想象自己在做这样的动作时的感觉，并意识到要表现出精湛的投技，动作必须非常完美。观众不太可能用我们所使用的术语对他们自己的感觉做出合理的解释。众所周知，柔道专家能够随心所欲地运用投技。

动态稳定性是通过运动获得的稳定性，如陀螺的稳定性或自行车的稳定性。陀螺或自行车由于自身的结构在没有支撑时难以保持稳定，一旦它们开始运动，它们的重心高于其与地面的接触点时保持稳定就不那么困难了。在图 1-1 中，施技方用脚趾保持平衡，此时他处于既不是完全静止也不是完全移动的状态。在运动完全停止之前，从动态稳定过渡到静态稳定有一个明显的瞬间。这张图画的原型照片是在那一刻的几分之一秒之前拍摄到的，这个姿态只能维持很短的时间。

我们在运动中的任何行为表现都令人兴奋。人、猿、猫和其他动物主要依靠自己的身体技能来维持行动。为了克服重力，他们会将自己的神经系统发展到极限。因此，个体通常有一种摆脱重力的基础能力，当他碰巧做出了一个比平常更完美的动作时，他会因获得这种感觉而激动不已。

这种惊心动魄的感觉在大多数身体练习中都很常见，并且随着练习难度的提高而出现得更加频繁。这也是柔道训练的精髓。柔道训练要做到能够不顾对手的抵抗而可以随心所欲地产生令人兴奋的感觉时才算完成。大多数投技动作都是在身体旋转的情况下进行的，而且只用一只脚保持站立。旋转所需的克服重力的能力远远高于我们日常生活中的一般动作。当我们研究人类的直立姿势和其他动物的直立姿势之间的本质区别时，旋转的重要性就变得相当明显。人体最适合围绕垂直轴旋转，这个动作在利用脚趾并收紧四肢后完成时，可以做得非常迅速且几乎毫不费力。

简而言之，柔道能提高人克服重力的能力。与普通人相比，柔道运动员可以自由地专注于其正在完成的动作，而未经训练的人会将注意力集中在两只脚上以求平衡，这是一项耗时费力的任务。未经训练的人发现自己只能分出一部分注意力去应对对手的动作，他需要在最原始的站立姿势中用两只脚保持平衡，因此他唯一能做的就是为了避免摔倒而收缩全身的肌肉。动物的移动速度越慢，它对被迫改变姿势的反应就越类似于未经训练的人。所以，猫从不对抗。也就是说，当你推猫的时候，它不会因肌肉收缩而变得僵硬。它会放弃原有的姿势，并找到对它没有威胁的新姿势，从而建立新的平衡结构。动物的年龄越大、动作越慢，就越不愿意移动，因此就倾向于使自己僵硬，放弃移动。对人而言，由于"被推"具有社会意义，导致产生抵抗的原因则更复杂。

人的静态稳定性是非常不稳固的。实际上，人最重的部分被放置在一个相对较小的基座之上。如果用站立表面积除以重心高度，就可以得出一个物体的稳定性指数，那么人类的稳定性指数要比其他很多哺乳动物低得多。

我们可以通过一个粗略的估算来看人的站立是多么不稳定。马的重心离地面约 1.8 米，站立的地方约 1.1 平方米，其稳定性指数大致是 0.6。人的重心高度约为 1 米，站立的地方约 0.1 平方米，稳定性指数为 0.1，为马的六分之一。人类与大多数在陆地上行走的动物相比，结果大致相同。

当幼儿的神经系统还没有发育完全的时候，他们几乎没有快速调整的能力，所以他们站立时两脚之间的距离非常大，这是为了尽可能地增加自己的支撑面积，当这不足以使其保持身体平衡时，他们就会摔倒。成人身体的稳定性是靠调节身体的垂直能力，而不是靠增加支撑面积或降低重心来实现的。因此，成人直立并非源于静态原则。从本质上说，这是一种不稳定平衡状态的持续恢复，在这种平衡状态下，即使人静止不动，重心也在不断地发生变化。血液循环、呼吸和身体的其他运动的动量，以及肌肉的兴奋，特别是头部肌肉的兴奋，都是身体很难达到静态稳定的原因。

因此，我们可以说，成人身体的稳定性是动态的。完全依赖站立时的支撑面积的大小和重心的降低来获得身体平衡是婴儿时期的特征。我们到了老年时期会再次回到婴儿模式，就像我们在大多数其他事情上那样。

在促进个体摆脱重力的方法中，柔道远远优于任何其他方法，可以说它是独一无二的。虽然某些技能，如跳跃可以超过柔道，但柔道是在整体上培养人的独立性。

柔道与其他学科的第四点不同之处在于空间调整。我们感知空间的器官都位于头部。视觉、嗅觉和听觉构成了我们接收远处物体和事件信息的感受器。因此，我们可以把空间看成一个球体，它的中心在每个人的脑袋里。事实上，我们是从左右两个角度来谈论空间的，就好像我们真的是空间的中心。这是因为人类是通过自己的经验来形成空间关系认知的，而不像大多数低等动物那样在出生时或多或少就拥有一种天生的控制能力。小山羊、小牛和小马驹在出生后几分钟内就能跳跃和四处走动，其他动物则需要更长的时间，但它们很少像人一样需要漫长的时间。我们的空间感知能力是通过个人经验来实现的，就像我们的其他能力一样，它有一个从婴儿期、幼儿期、青春期到成年期的发展过程。

科学家会说，我们随身携带着坐标的原点，可以逐渐学会在系统的不同部分控制我们的活动。例如，我们可以把眼前的空间想象成一个顶点在我们头上的圆锥体。渐渐地，我们在一个又一个圆锥体中获得了独立性，直到我们覆盖了组成圆锥体的所有的角。

只要我们不移动我们空间坐标系统的原点，婴儿期的空间认知功能就一直存在。新生儿几乎不能自主地控制自己在空间中的位置。不久，他会学会抬起头来，调整他的远距离感受器。应该注意的是，相对于垂直方向，远距离感受器是由一个非常复杂和高度完善的神经组织来控制的。因此，失聪者、盲人和嗅觉差的人仍然可以学习走路和调整身体的方向。身体在垂直方向定向的能力在很大程度上与远距离感受器无关，它们只有助于更准确、更客观地评价环境。与身体垂直调整有关的器官是受前庭神经支配的内耳部分，以及遍布全身的对压力和张力敏感的神经、腰和颈部的肌肉。

柔道从我们可移动的坐标系统的原点出发，在各个方向上促进我们空间调整能力的发展。柔道的独到之处在于能够教给我们在所有可能旋转的位置和位移中心本身的位置上进行定向的方法。在这方面，游泳和摔跤是排在第二位的项目。然而，柔道的作用更全面，因为它能够提高练习者在仰卧时的定向能力，就像站立时一样。而在摔跤中，仰卧姿势通常是需要避免的。而在游泳运动中，垂直的姿势则很少。

在柔道训练中，空间定向能力被作为一个基本的主要目标来发展，直到成人阶段。意识到柔道训练可以全面提升人的空间定向能力，这是嘉纳治五郎的重大发现，我非常钦佩他卓越的直觉洞察力。

我想提出一个非常有趣的观点，这个观点在不谈论细节的情况下可能是妥当的。我们在上文曾提到坐标系统的概念，并说过它的原点是由我们自身承载的。我们描述空间的方式表明每个个体主要是以自己为中心来看待空间的。据 E. 克拉帕雷德（E. Claparède）观察（*Notessur la localisation du Moi*, Archives de Psychologie, XIX, 1924, p.172），我们通常将自我中心定位在前额底部，即两眼之间的位置。我们的经验是，如果是强调一般情况，那么可以说克拉帕雷德的发现是正确的。

自我中心的定位不是一个解剖学意义上的事实，而是基于主观的叙述。因此，如果没有其他现象或事实与之一致，它就没有意义。当然，大多数人感觉到了"自我"，也就是在两眼之间的前额底部感觉到了更像"自我"的那个点。但事实并非如此。随着空间认知能力和克服重力的能力进一步提高，主观感觉是"自我"逐渐下降，最终"自我"位于肚脐以下。在人完全成熟，特别是性成熟之前，克拉帕雷德的说法是非常正确的。通过柔道训练，一些人达到十分成熟的程度后就能够毫不犹豫地在小腹下部找到"自我"的定位。

有趣的是，紧张的人对自己的"自我"在哪里会犹豫不决。有时，他们会宣称它的位置与克拉帕雷德所说的一致，有时他们也说不清楚。人们在情绪失控的状态下会感到"自我"在上述两种极端的定位之间移动。我们处于良好状态时，常常会更多地感觉到"自我"在较低的位置，高段位的柔道家的自我定位也会如此。虽然我们可以证明当我们毫不犹豫地感觉到我们的"自我"位于小腹时，我们的协调性会更好，但是读者需要批判性地考虑这些情况。

柔道提高个人独立性的第五个重要方面是协调。大多数的人类技能都需要身体不同部位之间的相互协调。没有某种协调行动，任何自主行为都不可能实施。所有的方法都是为了达到这个目的。当某种行为被实施时，这个目的就被认为达到了，一个真正矛盾的情况就出现了。

我们经常发现钢琴家、小提琴家、高尔夫球球手和足球运动员仅用他们身体的一部分就能完成极其协调的表演。同样的情况在柔道运动员中也存在，但这并不是训练方法不恰当的反映，而是柔道运动员缺乏优秀柔道教练的指导。在欧洲，有训练技巧且对柔道非常了解的柔道教练屈指可数。柔道运动员在柔道之外的项目中可能不能表现出更好的协调性，但柔道大师们却能。柔道运动员的经验证明，如果只是在一个或一组动作中表现出协调，那么是不可能精通柔道的。没有广义的协调控制，任何活动都不可能取得卓越的成就。那些被我们称为"伟人"的人，只是他们在大多数方面的协调性更好而已。

我们可以看看柔道中高超的协调能力到底是什么，以及这种说法是否有合理的理由。

如果我们观察所有使用腿部的投技动作，就会发现我们必须通过有意识的反应来完成动作，而且至少包含 3 个不同的动作，其中 2 个动作的方向通常与第 3 个完全相反。同时，身体必须依靠一只脚保持平衡，以便有足够的距离来做相反的动作，如"大外刈"这个动作。

"……这个投技要用你的右腿钩住对手的右腿，用你弯曲的膝关节触碰对手的膝关节，用你的左手抓住对手的袖子向左拉，扭转你的右髋部来帮助你的左手做动作，同时用你的右手做推和提的动作。手臂和腿部的协调动作源于髋关节的扭转，这是非常重要的，但在日本以外的大多数柔道书中却被忽视了……"（节选自 *Judo*, Frederick Warne & Co. Ltd., London, P25.）

协调动作是在身体运动过程中，参与动作的各部分形成一个坚实的整体。做"大外刈"动作时，身体的一个部分相对于另一个部分围绕左髋关节没有运动，仅仅是左手拉、右手推、右膝触碰等。然而，不协调的人在实践中会做许多额外的动作，如有些人在做一系列动作时为了保持平衡而使自己变得僵硬，有些人则因为情绪压抑、自我怀疑等不必要的因素而使自己变得僵硬。将一个单一的动作分解成多个组成要素是必要的，但是并不像不协调的人所做的那样。我们应该让那些不协调的人注意到他们在调整自身以适应外部环境及其相应的严格要求之前，他们的动作是否过多或过少。

虽然"协调"一词在描述一种美感时通常是一个模糊的术语，但它对柔道而言却有具体和客观的含义。在训练过程中，练习者将任何投技动作过程浓缩成一个位于下腹部的、简单而独特的动作时，柔道教练才会满意。柔道大师的所有协调动作都是这样进行的：他的肚脐以下有一个点，这个点位于站立脚压力中心的垂直线上，他在做所有投技动作时会根据这个点形成一条简单的曲线或螺旋线。在整个投技动作的主动阶段，与对手的身体接触的三个点在它们形成的平面上应保持固定。柔道大师在空间中再现了我们提到的那个点的放大动作，这个动作是如此之小，以至于尽管它很重要，但它仍然没有被发现。训练有素的柔道大师能比普通练习者更敏捷地执行正确的动作。

也许，正如我们所教授的那样，协调动作的最重要特征是，在正确的动作中，没有哪块肌肉收缩的强度比其他肌肉的大。这不是一个任意制定的原则，而是基于解剖学和力学。肌肉越发达，它在身体的中心位置就越高，它运动时产生的效能也就越大。在正确的运动中，每块肌肉的拉力与它的横截面积成正比。只要这种收缩状态存在，不管实际付出的努力有多大，都不会有努力收缩的感觉。因此，不管动作多么复杂，只有出现这种收缩状态才会被视为一种独特的协调动作。

人们常常错误地认为柔道动作不需要用力。做动作时感觉毫不费力的原因在上文已经解释过了。正因为我们以一种类似于身体条件反射的方式去执行所想的行为，我们才获得了毫不费力地做动作的感觉。这种缺乏抵抗力的感觉是令人愉快的，因为像所有的行为一样，自主控制不与任何低级神经中枢相抵触，它只指导非自主功能。当然，我们强调用最小的能量去移动所涉及的身体部位，最终的结果是这种毫不费力地控制重量的感觉让人兴奋。如此，我们便可以理解为什么古人认为他们是通过"高尚"的艺术实践而获得"魔力"以直接对付他们的对手的。

你的训练经历可能是在掌握任何一个腰技动作之前，你需要用力去完成推、拉动作。即使是现在，你可能仍然很难解释推、拉对手的动作在这一刻毫不费力而在下一秒却很吃力的原因。你也可能有过这样的尴尬经历：你的教练能随意改变他的重心，你一会儿感觉他像羽毛一样轻盈，一会儿感觉你在试图举起教堂的一角。令人不安的是，你无法解释导致这种身体重心发生明显变化的原因。你的教练所做的只是通过重新分配他的体重而使你的协调动作变得很容易实现或无法实现。

当你达到了协调状态，呼吸会变得均匀且不受阻碍地贯穿于行动过程之中。事实上，呼吸的均匀度是教练判断练习者是否遵守他的指示的依据之一。许多柔道运动员知道，一些 60 岁以上的柔道大师依然可以在训练过程中让 6 个年轻力壮的男子疲惫不堪。他们可以一个接一个地进行车轮战，最后还能迎战更强壮、更优秀的练习者。当柔道大师在其 40 岁左右的巅峰时期，他可以在每个晚上的对抗训练中让一群练习者都精疲力竭。这种能力上的巨大差异表明，柔道大师已经具有高度完善的身体状态，而初学柔道的练习者们则仍处于非常原始的身体状态。

柔道通过锻炼身体肌肉来进一步增强空间定向感，即运动感觉（kinaesthetic sense），也叫动觉。因此，柔道大师可以在不使用他的远距离感受器（teleceptors）的情况下做动作。更高阶的练习者会蒙眼进行练习，仅通过肌肉感觉就能对对手的动作做出正确的反应。

柔道中的协调与其他任何学科中的有很大的不同。人们对柔道中的协调下了明确的定义，并将其作为具体的知识系统地进行传授。柔道的技术动作或多或少都具有偶然性，这些技术本身并非处于最重要的地位，它们是一种践行"道"的手段，是人类正确的行为方式。柔道之道在于行动，正如科学之道在于思考。"两道"都是"新"的，这并不是说我们的祖先从未使用过它们，也不是说它们与人类的神经遗传无关，而是因为它们系统地使用了以前未曾学习过的东西，因此有一种机遇或运气在其中。几乎任何动作都可以用于柔道，这点在各种各样的柔道技能中都能清楚地看到。同样，几乎所有的问题都可以用科学的方法来解决。

嘉纳治五郎关于柔道是有效运用身心原则的说法在某种程度上是一种保守的阐述。柔道的内涵比他解释的还要广得多。

从上面的讨论我们可以理解"花两年时间寻找优秀的柔道教练最终将帮助你节约时间"这句话蕴含的深刻智慧。对大多数教练来说，柔道只是一种更有效的格斗或自卫的方法，仅此而已。教练以这种观念指导练习者学习柔道，其结果往往南辕北辙。

发展我们自身所缺乏的某种能力是很重要的，也是值得的。这一点乍一看似乎并不明显。当我们不使用一种十分发达的身体功能，可能才是一个真正的问题，比如小提琴家不使用手指或不能使用手指是个很大的问题。为什么一个人缺乏某种身体能力时会感到需要它或者给自己带来了不便呢？如果某种缺失的身体功能真的如此重要的话，那么有残疾的人应该完全不能过任何令人满意的生活，然而，我们知道许多残疾人过着充实且富有意义的生活，一些伟大的人就是残疾人。一些人想当然地认为无论我们怎样使用身体都不会产生任何不良的后果。

器官衰竭导致的身体功能缺失与身体器官无法正常工作是截然不同的。当我们缺少某个器官时，神经系统中保证该器官发挥功能的那部分就被剥夺了正常活动——它们接收不到任何冲动，也不产生任何冲动，除非是一些其他间接的活动能防止相应的神经组织发育不良。产生兴奋和被某些媒介物质激发是神经细胞的基本特性。当器官正常且神经机制完整时，神经细胞往往不需要任何干预就能正常工作。

为了阻止神经中枢对某个器官产生影响，必须损伤外部或破坏某些内部营养输送过程。但要短时间或长时间地中断一个神经中枢的活动，就必须抑制它。也就是说，另一个功能上和生理上级别更高的中枢必须产生抵消或阻止前者到达正常目的地的冲动。

确切的机制是生理学家更关心的问题，但不影响我们的讨论。以我们的手臂为例，健康的手臂可以做很多事情。我们不仅不能对健康的手臂做任何事情，还必须不断地使用我们的自主行为来约束手臂。约束手臂很难做到，但并非不可能。许多"苦行僧"致力学习这点，并且有些人已经取得了成功。这对他们的其余人格有影响吗？

在很多情况下，答案是显而易见的。例如，被诊断为患有精神神经症的人即使经过全面而仔细的神经病检查，也找不到任何理由来解释其为什么不能走路、说话。有一种办法是通过较高级的中枢整合以抑制健康器官的神经支配。然而，不幸的是，人们并没有意识到这一点。

在这两个极端之间，抑制是自愿的，甚至是社会认可的。而在另一个极端中，抑制是来自外部的，它存在于所有的日常情况中。在这种日常情况中，我们只使用部分器官。在所有这些情况中，与正常状态相比，一部分神经系统过于活跃，以阻止同一生物体的另一部分活动。当身体的执行器官发生类似的过程时，我们称之为"自残"。奇怪的是，当同样的过程在高级神经中枢中发生时，仅仅因为它们是看不见的，我们就很轻易地将其视为不重要而不予理会。

人们总是有理由停止发展，停止从事任何适合身体的活动。如果没有某些外部因素的反复干预，它们不会自动发生。尽管这对一个人目前的状态来说似乎无足轻重，但它们在决定一个人的倾向与好恶的过程中却起着至关重要的作用。

促进任何身体已经适应的功能的发展可以完善人格。因为被抑制的身体功能迟早会起作用，而且参与抑制其他功能的神经中枢也会被调动起来，并在完善人格中变得活跃。这样的话，整个机体的活力就会增加，其对生活也将产生新的兴趣。当精神神经症的患者的病情非常严重时，在获得合适的治疗后通常会有上述转变。柔道对这种疾病的治疗会有很大的帮助。柔道在促进每个人走向独立方面是独一无二的，它通过提供一种令人愉快的控制来实现。达到这种有益的效果靠的不是药物，而是一种学习如何充实生活的良方。

第二章　动作与动机控制

即使是做最简单的动作，身体内外所发生的一切也是极其复杂的。当我们说一次只做一件事情的时候，并不是指做简单的、基本的事情，而是指需要用单一的注意力去完成复杂的行为。人们普遍认为，大脑不能同时产生一种以上的脑电波。我们的大脑无法在产生一种思想的同时产生与之相对立的另一种思想。

当人具有做一个动作的意愿，并在这个意愿指导下发生了相应的动作，那就说明这个意愿被恰当地执行了。从上述关于协调的论述中，我们可以清楚地看到一个正确的协调动作，同时也是一个具有独特意愿的动作，并服务于独特的目的。我们需要关心的是在执行动作的那一刻，我们的身体正在发生的变化。

例如，最简单的握手动作。当握手的背后只有一个动机、一个目的时，这个动作本身就比较单纯。这样的话，动作就简单而协调。但是，假设你和一个你不喜欢的人握手时，除非你有在类似情况下握手的丰富经验，否则这个动作就不会那么协调。即便如此，专业的观察者也会察觉到不同目的元素的存在，这些元素将导致你的动作缺乏统一性。一般来说，动作的开始和随后的瞬间都将清楚地显示它是由一个独特的动机还是由相互矛盾的动机整合完成的。在后一种情况下，我们将观察到这种行为可以分为三个不同的阶段。第一，在更高级的中枢产生两种相互矛盾的意图时，这两种矛盾的冲动同时存在；第二，两种矛盾的冲动融合在一起，同时积极冲动产生的动作数量超过消极冲动；第三，被抑制的冲动的后遗症减弱并完全消失，执行器官产生一些外部的动作。这种动作在开始时会伴随犹豫的动作，随之是一个急剧上升的阶段，最后以一个猛烈下降的状态结束。

没有平稳的心理过程（即动机），执行器官就不可能有平稳的协调行动。柔道可使我们最有效地利用精神和体力，或者当我们训练协调能力时，我们是在学习控制动机的技巧，以便能够正确地执行动作。柔道大师能够发现任何偏离正确步骤的微小偏差，因为他有一个非常精密的测量标准——最小能量原则。他剔除了动作中所有影响实现既定目标的消极成分，关心的是达到目的的方式，而不是动作本身。他一旦掌握了更高效的控制方法，每个新动作都不会产生新问题。

柔道是一种心理训练，但也有投技、绞技和其他技术动作，这在外行人看来似乎是矛盾的。为了培养动机控制能力，我们必须训练控制情绪并形成习惯。最激烈的情绪产生于安全和自我保护的需要。如果我们因为被摔倒、绞勒或压在地上而无法做出协调动作，我们就无法在常见事件的压力下、濒临崩溃时实现控制。有些伦理学者或心理学家无知地批评柔道，他们认为我们训练的材料是"动物动作""基础本能"或"纯粹的身体动作"等，但他们的领域中的许多专业知识值得我们学习。所以，我们必须忽略他们对我们的方法的批评，直到他们亲身体验到这种方法的效果为止。当他们跌倒时，当他们的安全受到威胁时，或当他们有强烈的情绪时，看看他们会做什么就足够了。人类经验的某些领域有进一步发展的空间。许多人似乎毫无理由地相信语言层面或知识上的理解就是情绪控制。没有身体就没有情感，没有神经系统就没有身体，没有大脑就没有思想。因此，没有精神上的训练就没有身体上的训练，没有情绪上的训练就没有情绪上的控制。我们教成年人如何控制最激烈的反应。柔道大师在被摔倒、绞勒或被击打时不会失去对协调动作的控制，我们可以说，他已经获得了控制自我精神的能力与方法。很明显，正确的柔道练习实际上是一种心理再教育，对练习者的心理构成有着深刻的影响。那些有幸遇到柔道大师的人认为这是他们一生中最重要的经历。

第三章　　我们该从何练起？

　　柔道技术体系包含各种各样的动作，这些技术的表现方式才是最重要的，而非那些花招。因此，在讲授柔道的高阶动作时，我们可以使用那些在其他著作中描述的动作。我们假设读者已经对柔道有一定的了解，至少对我的著作（*Judo: The Art of Defense and Attack*《柔道：攻防的艺术》、*ABC du Judo*《柔道入门》）或类似的书所涉及的寝技内容有一定的了解，我在这里不再重复。你们可以从这些著作中学习寝技内容。

　　我们已经知道身体的下腹部是身体运动的原点，或者更准确地说，在做任何投掷动作的关键时刻，下腹部是与地面相对运动最少的部位，它是任何身体动作的起点，其根本原因在于动态高效原则要求较重的物体应尽可能少地上下移动。身体在自由运动状态下旋转时，身体较轻的部分比较重的部分形成的轨迹更广泛。此外，由于肌肉只能通过收缩做拉拽的运动，因此较重的部分必须以其较大的惯性提供相当于锚定的力量，以使较轻的部分能够形成广泛的轨迹。如果在两个质量相同的物体之间施加拉力，两个物体就会移动相同的距离，但如果其中一个物体是固定的，那么只有另一个物体会移动。一个完全成熟的身体在没有太大的情绪干扰的情况下，其动作往往会符合周围环境的需求。

　　然而，在我们的社会中，巨额的奖励或严厉的惩罚扭曲了制度的均衡发展，许多行为被排斥或限制，其结果是我们必须为许多被抑制的功能的进一步发展提供特殊条件。大多数人不仅要学习柔道技能中特有的动作，而且要改变那些不应该被排斥或忽视的动作。当你熟练掌握了某种运动的基本动作后，才能进行更高层次的学习。这有点像语言学的情况，在使用之前，对语言的熟练掌握是必要的。

许多练习者练习柔道达到一定的程度后会停滞不前，甚至倒退，这在所有的学习过程中都会发生，并具有特定的周期性。我们心里常常想的是学习的"自然能力"似乎已经达到了极限，即使学习的时间很长，仍然不可能取得更大的进步。当一个人还没有成为佼佼者，而刚好这种情况发生在他身上时，我们可以肯定地说这个人对自己的身心有习惯性的不当控制。再加上与搭档之间扭曲的配合关系，我们通常会发现他对骨盆和肩颈关节的控制不当。这些关节不被允许进行全方位的运动，但依然会产生完成目标动作之外的实践意图。由此产生的肌肉收缩会干扰他们的身体在快速运动时的反射和半自动复原。不经过一定的自主努力，他们就无法舍弃习惯性的偏见态度，就会错过大多数的机会。

当这种情况出现时，教练通常认为练习者太在意理论和技术细节，这显然是正确的评价。因为在某种程度上存在着对低级运动中枢的明显干扰。许多教练建议将竞赛作为一种补救措施，这通常是非常有效的。情绪紧张程度越高，自主控制的有效性就越低。

然而，这是没有根据的猜测。如果问题是对理论和技术细节方面的过度重视，那么练习者会随着自身经验的增加而成长，并在比赛后变得更优秀。此外，如果练习者因为习惯性的错误控制而停止进步，他就会受到双重打击，因为他不仅会承认失败，而且还深信自己是个彻头彻尾的失败者。一个人如果能正确地控制自己，而只是缺少一种特定技能的话，那么他对外部世界的现象就会持一种健康的态度。如果他被打败了，他会认为原因在于对方的能力或力量更强，他的第一反应会是"哦，那家伙太适合做我的对手了"。然后他会想："我犯了这样或那样的错误，我必须学会如何处理这种情况。我的对手不是神，而是一个像我一样的人。"

在个人经历中，只有当强烈的情感力量阻碍了迈向成熟的正常成长时才会产生习惯性的错误控制。因此，这类人有一种情绪化的思维方式，它会扭曲外部事件，这对未经训练的人来说是相当不理性的。这样的人觉得挨打的经历是一种难以忍受的耻辱。此外，他在面对对手时，中枢控制发出的强有力的行动命令会与不作为的冲动相冲突。身体在大部分时间里会变得僵硬，无法做出任何高技巧性的动作。他会对被迫改变姿势感到恐惧，做每个动作时都会改变肌肉收缩的方式，因此他的身体动作会很不协调。因此，他觉得自己是被自己打败了，而不是被对手打败了。我们观察到，与大多数心理问题一样，同样的恶性循环在柔道运动员身上也存在。盲目地把竞争作为一种手段来促进成熟是一把"双刃剑"。这个问题与一般的考试类似。优秀的教练培养练习者是通过考试向他们表明其具有独立自主的能力。在另一种情况下，考试变成了一种严峻的考验，练习者在这种考验中被碾压和殴打。只要他有几次这样的经历，他就会变成一个需要由更熟练的人来治疗的"病人"。

合理的方法是找出阻碍进步的原因。在大多数情况下，具有习惯性错误地控制骨盆和头部的练习者的心理问题是可以得到解决的。他们只有在取得了足够的进步之后，才能尝试进行竞赛（用实战进行测试），用一个公平的机会使练习者达到一个更高的独立水平。

很明显，普通教练不可能制定出适合任何特定情况的方法，只有有经验的教练才能做到这一点。幸运的是在没有这样的教练的情况下，我们推荐一些基本方案来处理这些问题所涉及的身体方面，让练习者在更有利的条件下解决他的思想问题。

当你对站立动作的改进停滞不前时，应放弃这种改进，转而进行寝技练习。在水平姿势中，身体处于仰卧状态，这时头部与四肢会抬离垫子，骨盆将被迫与身体保持正确的相对位置。髋部必须保持一定的灵活性，腿部和头部的肌肉也将从负重中解脱出来。现在，可以尽量避免做出那些习惯性的不规范动作。正常情况下,肌肉由于对重力的不当调整而导致不必要的收缩,被迫反射性地进入收缩状态,以保持其能力。习惯性收缩的对抗肌通常比它们应该能够达到的强度弱,因为它们在收缩的同时仍然受到抑制。现在整个肌肉系统可以做更加平衡与协调的动作。寝技训练一两个月后就可以恢复站立姿势的训练了,但必须非常小心,不要以旧的习惯方式进行。最好的计划是以形的方式来回顾所有的投技。通常情况下,练习者会发现自己以前的表现中有一些明显的错误,并会意识到他实际上并没有做他认为在做的动作,他所做的动作与他所认为的完全相反,比如拉而非推、举而非按等。

　　总的来说,身体机能较差的人坚持练习寝技是可取的,练习一段时间后再继续练习投技。所有练习者将发现自己定期坚持练习寝技后,自己的站立技术也会获得相当大的进步。对那些一开始就或多或少有身体控制能力的人,以及那些完全掌握了投技的人而言,这是特别可取的。寝技练习不仅会增加他们的力量和耐力,而且会大大提高他们的整体能力。

第四章　固定与控制的奥义

就获胜而言，胜者和败者之间的差别不大（胜者是迫使对方屈服并拍垫认输或者让对方保持固定的姿势达到 30 秒的一方）。然而，两者对身体的态度和控制有很大不同。

当身体仰卧，四肢呈伸展状态时，只有四个动作可以立即完成，即前后滚翻和左右滚翻。但是，一旦你的身体是弯曲的，并且头抬离垫子（图 5-14），就能做出无穷无尽的动作。因为在这个位置上，身体就像一个球帽放在一个平面上。对物体施加压力使其保持静止，压力必须竖直向下，并且刚好作用在与垫子接触点的上方。如果我们在任何其他点上施压，球帽就会滚动或卷起来，从而使与垫子垂直的直接接触点处于压力点之下。如果没有摩擦，球帽就会滑出，远离被压的地方。另一种固定球帽的方法是把它压平，以便我们的大部分重量在中心产生压力，用四肢作支柱，防止球帽向任何方向移动。

无论我们是在对手之上还是之下，这种力学类比对我们做出正确的动作非常有用。嘉纳治五郎经常使用的一种心理意象是把躺在地上的对手看作一块厚木板，这块"木板"与人体形状相同，漂浮在水面。当把"木板"压在水下时，只有 2 种方法能够使其保持不动。首先，在中心位置垂直向下压；其次，使对手的身体在垫子上伸展，四肢都在"水里"。用其他方式按压，只会把"木板"带出水面，并且大多数时候会让他翻转到自己身上。

这些类比并不完美，因为在现实中，第一种情况没有考虑摩擦，第二种情况没有考虑浮力。它们的用处在于为在垫子上的格斗选手的行动提供了一个普遍的原则——试图行使固技的一方应该将对手视为一个无摩擦的球帽或一个漂浮的木制物体。被固定的一方的动作应以减少自身与垫子之间的摩擦为目的，远离施加压力的地方，将滑动摩擦转化为滚动摩擦。或者他应该试着创造出尽可能接近浮力的状态，将臀部或身体的另一个部分抬离垫子。在身体落回垫子上的短时间内，可视为浮力占主导地位，几乎处于无摩擦的理想状态。

最重要的原则是你在移动对手之前先移动自己的身体，这样总有一个解决任何问题的办法，即通过旋转、滚动、移动等方法可以轻松、迅速和有效地达到战术目的，而移动对手时即使付出了很大的努力也只能缓慢地移动。当你不知道该做什么的时候，你向没有约束的方向"移动"自己通常会走出困境。

同样重要的是要想压住对手，你的臀部必须垂直地向下压在他的身上，最好是压在他的臀部或他的道带附近。要想控制住他的身体，你必须对他的膝关节和肘部实施一些动作。

当只有下腹向前推，保持身体其他部分不收缩时，臀部的牢固接触才能实现。初学者容易过多地使用手臂和肩膀而使臀部浮在空中，这样就与对手失去了接触。失去这种接触就意味着完全失去对对手的控制。

记住，"固定"（Immobilization）和"控制"（Holding）这两个词并不描述实际的动作状态，它们传达了在柔道中不存在终结和固定的概念。柔道是动态的，而且总是不断变化的。通常情况下，一旦你停止先发制人，并不再预判对手的下一步行动，他就会挣脱。

第五章　垫上辅助练习

　　虽然大多数的寝技是在"乱取"中完成的，但有一些非常有用的动作，可以单独进行练习。偶尔重复这些内容是有益的，即使是高阶练习者也应如此。进行寝技的辅助性练习的最佳时间是在正式训练开始之前。这里提供一些动作供学习参考。

　　跪坐在垫子上，两脚平行或一只脚的脚背放在另一只脚的脚底上，然后向前翻滚，如图 5-1、5-2、5-3、5-4、5-5 所示，接着继续翻滚到如图 5-6 所示的坐姿，然后向后翻滚。

　　当肩部触地时，左臂伸展（图 5-7），保持在与肩部齐平的高度。

图 5-1

图 5-2

图 5-3

图 5-4

图 5-5

身体以左肩为支点，这样就可以在右肩和垫子之间为头部留出空间，脖子向右弯曲，耳朵朝向肩膀。在整个运动过程中，头部不承受任何重量。充分利用右肩和左前臂，使头几乎不接触垫子。注意图 5-8 中左臂的动作，本图展示了左臂的拧转动作。躯干越过垂直面时，左手越过肩移动到垫子上，以保证仅使用右肩滚动，从而进一步增加头部自由活动的空间。如图 5-9 所示，左手的手指放在地上，双脚接触垫子后恢复为初始位置，然后用图 5-3、图 5-2、图 5-1 所示的姿势顺序进行移动。上述完成的是右肩滚翻，可以按照上述要求做左肩滚翻。

图 5-6

图 5-7

图 5-8

图 5-9

图 5-10、图 5-11、图 5-12 和图 5-13 所示的动作是不言自明的。在做这些动作时，重点是通过手臂保持身体平衡，这样骨盆就能平稳地自由移动，而不会让脚和膝关节撞到垫子，而且在做动作的过程中也不会干扰呼吸。

图 5-10　　　　　　　　　　图 5-11

图 5-12　　　　　　　　　　图 5-13

所有这些要点动作都是通过向前移动来减轻足部的重量而实现的。特别要注意图 5-10 和图 5-11 中头部相对于肩部的位置，以及背部形成的水平直线。在柔道中，骨盆的控制和自由运动至关重要。

如图 5-14 所示，肘部接触膝关节的身体姿势对防止对手进行固定抓握非常重要。在练习中，对手很少恰好在你的身体的轴线上，你稍微朝对手移动一下，对手就会很容易移动到你的右边或左边，所以一般来说，你在面对对手的一侧时，保持肘部和膝关节并拢这个姿势就足够了。然而，作为一个练习手段，你可以用肘部碰触双膝，利用大腿和肘部触地从一边滚动到另一边，如图 5-15 所示。

当对手紧跟在你身后时，你应及时地转过身来，用右手或左手对着对手。因此，训练和完善这种简单的自动旋转动作是很有用的。当你的身体如图 5-14 一样保持弯曲状态时，你就很容易围绕穿过下面道带的垂直轴进行旋转。如果你向右转，就只需用眼睛跟随对手、用左脚轻轻推地即可，反之亦然。

图 5-14

图 5-15

图 5-16、图 5-17 和图 5-18 显示了你在没有及时旋转的情况下能够有效应对对手从头顶方向袭来的快速攻击的动作。首先，让你的搭档把你的肩膀推到垫子上，同时平稳、自如地用你的腿反复地绕着他的脖子。

你的膝关节的硬骨部位应该抵住对手下颌下方的喉咙，这样你交叉、伸直的双腿就能非常有效地锁住对手的脖子。渐渐地，你的搭档应该离你越来越远，他只能抓住你的手腕并将其压在垫子上。然后，他就不能跪在离你很近的地方，而是要跪坐在你伸手能够触及的稍远一些的地方。

很重要的一点是，每开始做一个动作，你的脚都要像图 5-16 所示

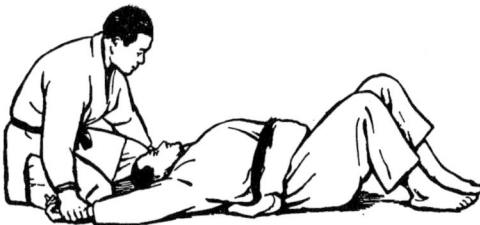

图 5-16

图 5-17

图 5-18

的那样接触垫子。

　　另一个有用的动作是先抬起臀部，然后让臀部和肩膀离开垫子，如图 5-19 和图 5-20 所示。在训练过程中，你不要屈服于一个优秀搭档施加的逐渐增加的力量。

图 5-19

图 5-20

　　一般来说，你不应该花太多的时间在辅助动作的训练上，训练不应该成为训练自身的目的，而应与实战相结合。只有正确地执行有目的的动作才会成功，这比简单的肌肉运动更重要，也更有益。

第六章　战术博弈

大多数投技动作之后都可以接上固技、锁腿、锁颈或绞颈等寝技动作。在各种各样的单个动作和组合动作中，己方或对方身体的某些部位的位置差异几乎察觉不到，这使得基础练习非常吸引人。同时，它也使我们很难以书面的形式来讨论这个问题。在给定的空间中，描述这些动作本身并不困难，但要在每种情况下对正确的步骤给出明确的指导，就像处理国际象棋中的问题一样困难。

以图 6-1 所示的常见情况为例，你刚刚把对手摔倒。你可以继续像图 6-2 所示那样使用固技。成功使用固技的关键是你的右膝要贴着对手的肋骨，这样你的大腿就会阻止他的行动。同时，你要把他的左臂拿在你的左腋下。

图 6-1

图 6-2

如图 6-3、6-4 和 6-5 所示，你也可以做出一个十字固的关节技。注意你的右手应该像图 6-4 所示的那样抓住对手的手腕。你的左腿应该围绕他的头做圆周运动，脚掠过垫子。左膝弯曲跨过对手的头会减

慢你落地的速度。你的左脚跟（图6-5）要阻止对手左臂的活动。接下
来重要的动作是弯曲身体、挺髋，骨盆尽可能向前和向上。这样做能
够使你更接近对手，进而使对手迅速认输。其他值得注意的点是图6-3
中你的右膝姿势和位置，你拉直对手的手臂，弯曲膝关节，你就能够
实现图6-5所示的正确姿势。最后，拧转对方的前臂，使其拇指向上、
小指向下，向上抬起你的臀部，同时把他的手腕按在你的胸前。

图 6-3   图 6-4   图 6-5

你可以在练习中忽略上面提到的要点，故意犯一些错误，以便发
现问题并改正你的动作。你会发现，动作失败的主要原因是对手剧烈
反抗。在柔道中，我们学习动作的目标是使对手的反应能够与我们的
行动意图和设计相一致。如果你只是用双手抓住对手的手腕并用力拉，
他就会通过弯曲肘部来抵抗，于是他的肩膀和头部就会抬起，脸朝向你。
试着做一下，你会看到结果。

如果你把拉力施加在对手肘部后面的袖子上，他的反抗会使他的
肘部抵住垫子，他不仅会暂时保持不动，还会促使你在他的头靠近垫
子的时候把右腿放回原位。你的右手放在对手的手腕前面可以防止他
的手臂弯曲，但不会让他的手臂像你用手抓住他的手腕并拉它那样自
动弯曲。

在这样的原则指导下，对手通常会直接反抗，就像未经训练的人

肯定会做的那样。读者应该自己尝试弄清楚"正确动作才是最好的"的原因。这不仅可以节省空间，还可以加快进度。尽管如此，在大多数情况下，我们还是会提醒你注意图片中的正确动作，以便指出练习者通常会犯的错误。

暂时放弃你打算应用的关节技，让我们看看情况会随着对手的动作变化而有多快的改变。

图 6-6 显示了如果你不按建议放置膝关节，姿势会有多大的不同。对手在触地后会立即弯曲右膝关节，把膝关节放在你们之间，他就有了主动权。除非你像图中展示的那样把他的膝关节推开，然后把你的右膝关节靠近他的肋骨。一开始你就应该这样做。

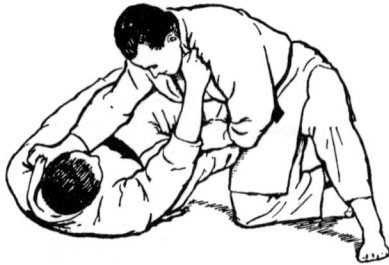

图 6-6

对手躺在地面上时有很多选择。根据图 6-6 所示的情况，他可能会将肩膀抬离地面，以减少垫子对他的摩擦，并将他的肩部向左边移动，同时把他的左腿绕过你的头部，放在你的下颌下面，形成针对你右臂的关节技，如图 6-7 所示。如果你用右臂有效地支撑你的身体，他就会这样做。他若继续用膝关节推你，你会更加依靠你的右臂来支撑，他就可以缓慢地移动。如果他将自己的身体移动到左边，对对方来说会更有利，因为那样的话，他会有更直接的控制，可以达到相同的目的，同时他的手臂的拉力会迫使你贴地。

图 6-7

图 6-8

图 6-9

如果你把他的膝关节推开，他可能无法完成锁臂动作。但是如果他的左腿跨过你的头，如图 6-8 所示，他就会继续拉你的右袖子，用他的腿压住你的头，并使你处于图 6-9 所示的位置。

他可能会用左手将你的右手腕推过头顶，使你失去支撑，如图 6-10。你的右手放在他的肩膀斜向下的位置会让他相对容易地完成动作，现在你失去了平衡，他就可以从他的右边转向你，没有什么可以阻止他，如图 6-11 所示。然后，他会用左手抓住你的右领，实施绞技。他也可以把你翻过来，如图 6-12 所示。他如果很难抓住你的右领，则会以图 6-13 所示的方法实施绞技。

图 6-10

图 6-11

图 6-12

图 6-13

　　仔细观察图 6-10，你会发现，当你的对手的右手要对你施压时，就像有第三个人温和地推你的喉咙，把你推入图中的位置，这肯定会让你失去平衡并向右侧翻滚。因此，对手可能会拉你的右袖，用右手推，而他的左脚正好放在左边的垫子上以使他的臀部稍微抬起以减少摩擦，并使他的身体移到左边。现在他可以利用他的腿和臀部支撑垫子的力量来产生他的右手后面的推力，进而产生与想象中的第三个人推力相当的力量。如果没有能做到这一点的人一起配合你，你是不容易学会的。你抬起双腿后，努力伸直身体。最初不是坐着，而是利用整个身体产生向下的动量，这样只有道带以上的身体是向上的。最后坐起来时，他可以用左手撑在垫子上来帮助他自己，如图 6-15 所示。

　　我们在一个身体姿态上概述了一些合理的选择，这足以表明给出绝对法则的困难。但是这仍不是全部，还有很多其他的选择。最重要

图 6-14

的是你需要有保持主动的自由，这意味着你应该凭经验知道对手即将使用的动作，并使用相应的技术阻止对手顺利使用技术。理解和练习可以使一个人在位置几乎不变的情况下达到这一目的。因此，读者应该仔细研究上述动作，直到完全熟悉为止。如果你勤加练习，那么你将从后面的内容中获得更大的好处。

第七章　双人对练

当对手拥有很好的站立技术，你很难把他摔倒时，他可能会被非典型的投技拽向垫面。然而，有些俱乐部不允许选手简单地抓住对手并把他拖到垫子。

图 7-1、图 7-2 和图 7-3 显示的是用简洁的方式把对手拽向垫子的技术。用你的右手抓住他的右侧领子，你的臀部降低，髋关节左转发力，左脚后退，如图 7-1 所示（仅用双手拉对方是无用的）；然后你的左脚踩在对手的右脚上，如图 7-2 所示，髋关节继续向左转，倒下时用左侧躯干接触垫面，从而像图 7-3 中那样扭转你的对手。你的右膝关节弯曲，躺在对手附近，用你的右脚钩住他的左膝关节窝。当对手着地时，你的右臀部沿着你的右膝关节移到他的身上，并跨骑在他的身上。头部保持在垫面上，移动你的臀部以使头部对着对手。这个动作在寝技中非常重要，你应该坚持练习直到非常完美地完成。注意，你要躺在右边，避开摔倒的对手，这样你就既不会破坏你降低重心而产生的拉力的连续性，也不会破坏对手摔倒的动作路线。注意图 7-3 中你将左臂从对手身体下落的方向躲开的方式。还要注意，你的右手推他、左手拉他的动作是由你的身体扭动产生的，而不仅仅是手臂相对于身体的运动。两臂朝相同的方向移动，与身体移动的速度相同，这种动作非常重要，你应该勤于练习，直到可以完美呈现。当你下落时，可以通过左转将对手的左腿抬到足够高的位置，这样你就不需要用你的左脚将他的右脚推开，你将能完成一个标准的投技。为了实施寝技，你最好如图 7-3 所示那样继续滚动，越过他，并对其使用固技或绞技。你也可以不跨骑对手，而只是扭转你的臀部，通过类似于如图 7-4 所

示的姿势（即你的右腿向前的方式）实施固技。

图 7-1

图 7-2

图 7-3

图 7-4

图 7-5、图 7-6、图 7-7 展示了另一种迫使对手接近垫子的方法。你做这个动作时要注意先下压臀部、降低重心，然后弯曲身体，头部向前，这样你就可以用身体的重量下压，而不是只用手臂。

图 7-5 图 7-6

图 7-7

　　另一种方法如图 7-8 所示，将你的右手从对手的领子上移到他的脖子上，降低重心，将你的左脚放在对手两脚之间，就像准备做普通的巴投一样；将你的右脚前脚掌放在他的腹部上，比正常的巴投更低一些，然后向后滚，让他越过你的头。你的手不要松开，而要抓住，你的胳膊和腿弯曲以缩短你的身体，你的对手会带着你移动，如图 7-9 所示。

　　图 7-9 所示，你在跟随你的对手的那一刻，他在左边，你在右边，就好像你们是一体的。将你的头转向你的右肩，这样你就不会依靠你的头滚动，而是依靠你的左肩滚动。图 7-10 显示对手在垫子上，而你正在完成滚动，以跨骑到他身上。你的臀部朝向你的腿的方向运动，

同时你的手臂用力弯曲并缩短以产生一个额外的力，这样你就可以顺利完成骑跨在他身上的动作，从而为使用固技、绞技或关节技做好准备。

图 7-8

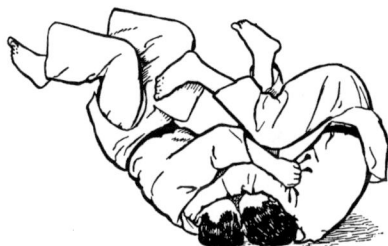

图 7-9

图 7-10

　　有很多种方法可以将对手拽向垫子，如图 7-11、图 7-12、图 7-13、图 7-14 和图 7-15 所示。用双手抓住对方下颌下面的衣领，当你转身且并拢手肘时，你的手指的第二个关节就会压住对方喉结的两侧。如果你像图 7-11 中那样弯曲膝关节，臀部向后移动，身体整体下落，对手就会被向前拉，可能会因为你的绞技而拍垫认输。如果他不这样做，你可以像图 7-12 中那样，右脚向左侧迈步，让臀部直接着地，躺下，如图 7-13 所示。你抬起左腿，压在他的颈部上面。用你的左手拉，同时用你的腿用力向下压住他的脖子。此时，他的头部处于被夹剪的状态，并由于衣领对他的喉咙施加的压力，以及你对他的头部施加的扭曲力，他将被迫拍垫认输。图 7-15 显示了当你的右手移到你的左手下面，双手一起抓住他的右衣领时对手所处的状态。这种变换通常更有效。

图 7-11

图 7-12

图 7-13

图 7-14

图 7-15

你可以用一条腿压住对手的颈部来阻止他的任何攻击，然后前臂向前移动到这条腿的前面，在膝关节上方与之接触就足够了。这能够有效地消除对方的腿的潜在威胁。除非你擅长寝技，否则尝试做这样的动作是危险的。正确的做法是控制对手的手臂，让其不能自由地使用。

下面是一些通常很有用的经验法则。要防止躺在地上的对手将膝关节和肘部靠近你，最好的方法就是把你的臀部放在他的臀部侧面。接下来，用你身体的某一部分，如你的膝关节、前臂等抵住他的道带，直到你的臀部能适当下沉。

我们将通过考察五个主要情况来讨论寝技的技巧：

（1）在对手的腿离你最近的时候接近他；

（2）靠近对手的右侧或左侧；

（3）当对手的头部离你最近时靠近他；

（4）骑跨姿势；

（5）对手面向垫子。

我们把躺着的对手头部的指向称为十二点钟方向，把他的脚的指向称为六点钟方向，左臂的指向称为三点钟方向，右臂的指向称为九点钟方向。

第八章　从六点钟方向施技

技巧娴熟的对手在仰卧时往往比他在其他任何姿势下都危险。他有四个可控点，因此他可以非常容易地旋转身体。如果你想从一个特定的方向接近他，你必须防范更大的范围。一般来说，当你要对付他的时候，他有足够的时间把自己调整到他需要的位置上。

因此，你在实施任何特定的行动之前，必须在一定程度上限制对手的行动自由，否则你会发现，你用脚以上的任何身体部位触及垫面，或者当你靠近他的时候，他都会把你夹在他的两腿之间，或者锁住你的手臂。

图 8-1 展示了当对手从六点钟方向靠近你时你的正确处理方法。你抓住他的腿或脚踝几乎没什么用，除非你把它们夹在腋下。因为尽管你抓着他的腿或脚踝，但他的腿或脚踝的力量很大，他还可以移动。尤其是他处于剧烈移动的情况下，你更难抓住他的腿或脚踝。裤子的握法应该只用四个手指和手掌，而不是把布缠在拇指上。对手任何突然的动作，如他的腿往下伸展，都可能使你的拇指脱臼。而如图 8-1 中所示的把位，你虽然失去了抓握腿的把位，但反过来，你会发现他的腿伸展开了，你就有机会靠近他。你在他弯曲伸展的腿之前上步，你的膝关节向前倾，把你的小腹置于他的臀部侧面。

当你抓住他的裤子（图 8-1）后，双手向前推，并将他的膝关节猛地向你的一侧拉，同时，你的腿从另一侧向前上步（图 8-2），你的手向后拉他的腿，并用你的膝关节压住他的身体。你现在可以用小腹压住他以控制他的动作。

图 8-1

图 8-2

你需要把对方的膝关节压在一起，然后向旁边推，否则你会发现他的腿挡住了你。当对手意识到你的目的并努力保持膝关节分开时，你就用你的膝关节去压他的股动脉，如图 8-3 所示。你可以试着和一个友好的对手一起找到准确的位置，并记住这个运动感觉。毫无疑问，你对手的反应会告诉你，你的动作是否做对了。

图 8-3

在像图 8-3 中那样控制了对手之后，你不需要遵循通常的理论指导，而是要立即固定对手。不太经典的移动只要做得好也是十分有效的。如图 8-4 所示，把你的脚压在他身上能阻止他向右转或抬起他的臀部，当然这会减弱锁技的效果。你可能会利用他打算向右移动的机会使他处于图 8-5 所示的位置。踩在他的左腿膝关节上方的位置，整个身体向后倾斜，臀部向上抬起。或者更理想的是，如图 8-6 所示，用你的右脚跨过去，然后按图 8-7 所示的那样做。你的右手应该抓住你自己的道带或你的左衣领，尽可能抓高一些。确保你的拇指向上，这样你前臂锋利的骨边缘将会对对手的小腿肌肉形成切击。不要用前臂更大、更软的肌肉，那样做没有效果。

图 8-4

图 8-5

图 8-6

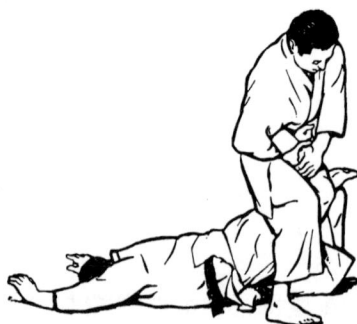

图 8-7

一般有两种方法来运用锁腿技术。一种是依靠脚背肌腱和韧带的伸展，这需要付出相当大的努力才能实现；另一种是通过前臂锯割的动作来移动小腿肌肉下方的柔软肌肉块，当你像图 8-8 中那样拉直对手的臀部时，你向后倾斜会将对手的重量转移到其小腿肌肉、肌腱的神经末梢上。你可以增加另一只手的压力，就像图 8-8 中那样，你的对手将束手无策。

图 8-8

你也可以像图 8-9 中那样，或者像图 8-10 中那样躺在垫子上。开始时，你的站位需要略宽一点，这样你躺下来时就可以把腿绕在对手身上。你的双脚向下压，同时你的臀部慢慢抬离垫子，直到他拍垫认输。或者你也可以像图 8-11 中那样身体向左转，跨过你的对手。

为了扰乱你的进攻，你的对手会试图干扰你的"最后一击"——那些使你的进攻真正奏效的动作。有经验的柔道运动员对你的进攻不会直接反抗，但他会在你施技的过程中运用一些细致的技术让你的动作变得迟缓，进而使你无法彻底实现目的；或者他尝试以最小的力量和最快的速度击败你，他会试着用他的自由脚钩住你的膝关节窝，随时准备将离你最远的那只脚放在垫子上，这样他就可以在不经意间抬

图 8-9

图 8-10

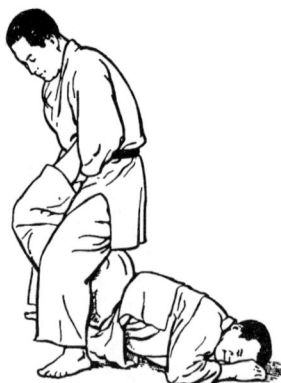

图 8-11

起臀部，并迅速地伸展和弯曲他的腿，进而逃离。

当你想要实施锁腿技术的时候（如果你下定了决心，但在必要的时候不改变想法则是糟糕的柔道思维），你的对手会试图用他的自由脚推你，并猛地下拉你的腋下的那只脚来实现摆脱。他也可能抓住你的小腿前面的裤子把你推开。当你通过收紧臀部来实现控制的时候，这种推力会让你在伸直腿时非常尴尬，因为你的锁腿动作尚未完全形成。

如果你的对手成功地阻止了你的锁腿动作，那么你就有很大的机会实施下面的绞技。把你的一只胳膊放在他的两腿之间，绕在他的右大腿上，抓住他的裤子，将他的被你抓住的腿向前推到他的头部，你的身体向前弯曲，如图 8-12 所示。你的左手抓住他的左衣领，尽量靠近他的脖子，你的拇指在他的衣领下接触他的身体；采用宽站位；你的肩部与右手配合用力向前推，尽可能使对手的身体折叠。为了使绞技更有效，你可以收紧左手腕，用肩膀的重量向下压你的左肘。

图 8-12

为了阻止你的进攻，你的对手会抬起他的臀部，挺直背部，用他的肘部支撑身体，然后将他的身体从你的身边朝他的头部转移。当他坚持移动时，你将无法绞住他。最终，这一状态如何发展将取决于你们各自的技能。他也可能会成功地抓住你左脚前的裤子，然后通过伸直他的右臂来阻止你的动作，但最终他会做出什么决定并不确定。

另一个动作也可以形成绞技，如图 8-13 所示。你用脚支撑、抬起身体，用你的左手抓住他的道带拉向自己，然后把他卷起来。你的右手腕绷紧，用力压在他的下颌下面，弯曲你的肘部朝向他的左耳。你的前臂微微扭动，就好像在他的下颌下面挖东西一般。

图 8-13

你实施以上任何一种控制方法都必须小心，以免你的对手抓住你的袖子和衣领，就像图 8-14 中那样，之后他只需要把他的自由腿套在你的头上，把他的小腿前部放在你的下颌下面就可以绞住你。如图 8-15 所示，他可以用脚猛推你的腹股沟以形成致命的抓握。在日常练习时，这样的控制方法必须逐步进行，以避免受伤。

图 8-14

图 8-15

尽管困难重重，但只要你把对手的左腿推到你的两腿之间，你就有可能破解他的这个技术，甚至可以把不利的局面变成一个意想不到的机会去接近对手。但被绞住前的那一刻你千万不要气馁。

图 8-16 和图 8-17 展示了一种抓住对手并实施绞技的方法。当你用膝关节压住对方大腿的内侧时就有时间向上移动，然后用你的左手抓住他的左领实施绞技。对这种绞技的反击也相当容易，如果在你的手肘未压实之前，他把右手放在你的手肘上并用另一只手协助，这样他就可以充分地把你的手肘抬起来，摆脱被绞的状态。

图 8-16   图 8-17

图 8-18 显示了从六点钟方向实施的固技。你的头必须从一开始就紧紧地抵住对手的胸腹部，否则你没有办法控制住他。他可以抓住你的衣领，把腿放在你的头上与他抓住衣领的手交叉以实施绞技。

图 8-18

你会发现你的头处于一把有力的"剪刀"里。当你的对手用手加大拉力，特别是用腿加大推力时，你就得拍垫认输。图 8-19 和图 8-20 清晰地展示了这种情况。

图 8-19   图 8-20

更好的固技如图 8-21 所示，你的肘部牢牢地夹住对手的大腿，你的双膝先分开，然后用力向内挤压。你的对手会试图朝十二点钟方向蠕动，并设法从你的胳膊下滑过。你必须试图通过降低臀部来保持膝关节和肘部的接触，这样当你被对手移动时，你就可以跟随他的动作而不会失去身体平衡，并保持控制状态。

图 8-21

如果你的对手成功地将他的左臂伸到你的右臂下，他就会像图 8-22 中那样伸手去抓你的道带，把你的头压在地上，好像要把你的头推到他的身下一样。他会向右转，试图将你的左膝推向四点钟方向。你的对手从下面推你的膝关节很困难，但这一努力可以帮助他移动身体，促使其右臀部向后移动、右大腿稍微收回。你会发现你失去了身体平衡，左肩向后滚动，在转身的时候不能动弹，你的对手可能还会紧紧地锁住你的右臂。图 8-23 中还显示了其他细节。这两种情况都值得你仔细地研究。

图 8-22

图 8-23

初学者容易不假思索地向躺着的对手猛扑过去。图 8-24 和图 8-25 显示了两种应对这种冒险进攻的方式。第一种，你在对手左边的垫子上处于静止状态。请注意，图 8-24 中你的左手和脚帮助你的对手把你拽向他左边的一点钟方向。这并不是偶然的，他把右脚踝放在图中所示的位置时一直向右转，从而引发了你盲目的抵抗。图 8-25 显示了熟练的对手是如何利用你盲目的前冲来防守反击的。注意图 8-25 中他抓住你的方式，当你触及垫子时，他就可以把你抱住，并转换成骑跨姿势。

图 8-24

图 8-25

图 8-26 和图 8-27 展示了如何翻转一个不考虑平衡而随意攻击的对手的方法。注意，躺着的对手会尽可能地移动自己的身体。

图 8-26

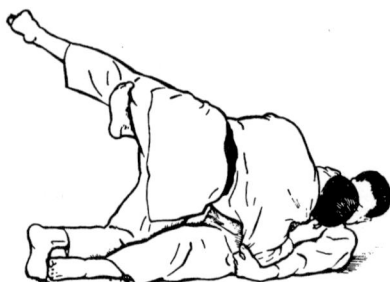

图 8-27

我们从站立选手的视角较为详尽地介绍了面对六点钟方向进攻的处理方法。你在实战中采取什么行动取决于你对任何特定动作的研究和注意程度，以及在施展动作时出现的姿势的细微差别。只有一种方法来满足这些要求，那就是训练和观察。

现在我们将从躺着的对手视角来看待从六点钟方向发动的进攻。直到本章结束，读者将被认为是躺着的选手。

通过训练，你要像一个球形的帽子一样可以在垫子上不断地移动、翻滚或旋转。也就是说，无论你的对手是什么姿势，你都有能力面对他。当他向你移动时，你会发现你有无数的机会可以轻松把他拽向垫子，甚至降服他。

图 8-28 显示了如何轻松地将对手置于垫子。你的身体向左侧转动，你的双腿做剪刀腿的动作。当他走向你的时候，在他的右脚尚未形成完全支撑之前，用你的双腿控制住他的右腿。当你的双腿做剪切动作时，用你的右脚背迫使他的膝关节向三点钟的方向弯曲，然后你的左脚踝用力向内侧推他的小腿，随后你慢慢弯曲左膝以逐渐将这个动作转化为拉力，你将能完成一个非常干净的投技。

注意你的左臂和头部的位置，它们不仅为你施展有力的动作提供了支撑，而且还能保证在对方摔倒站起来时不影响你的腿的动作。当对手躺在地上时，先用你的右腿压住他的大腿内侧（刚好在他的膝关节上方），这样你就可以站起来了。然后抓住他的脚背前方接近脚趾的地方，弯曲他的腿。图 8-29 用左腿展示了这个动作。

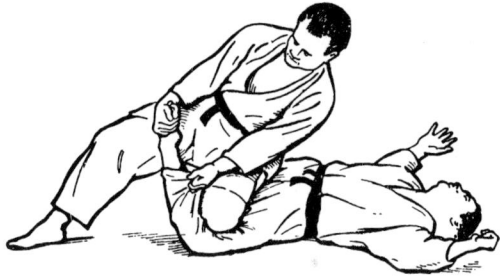

图 8-28

图 8-29

图 8-30 显示了一个不同的动作步骤。你的左脚踝的动作和上个动作一样，但右脚朝五点钟的方向蹬推他的大腿内侧，以使他的膝关节折叠；然后你用左肘支撑垫子站起来，并用你的右脚固定住他的大腿。如果你想固定他或继续停留在垫子上，你就不需要完全站起来。

图 8-30

当你的对手向左转身，他的脚趾没有指向你，试图逃脱你预设的陷阱时，如图 8-31 所示，你就用左臂进行辅助抬起身体，试图转换成坐姿。当他的右膝碰到垫子时，你就用右臀部坐在垫上，然后用你的右手代替垫上的左肘支撑身体。这样你的左手就可以自由地抓住他所有的脚趾，迫使他的脚抵在他的臀部上。你左手的动作与图 8-32 右腿的动作类似。想象一下，你在做图 8-31 中的动作时，你沿着右臂的方向坐起来，然后转动肩膀朝向你的对手，同时将右手（不是左手）放在背后的垫子上以支撑自己，这样你对这个动作就有了大致的了解。

图 8-31

图 8-32

图 8-33 展示了另一种锁腿投技。图 8-34 所示的动作是在避免对方受伤的情况下扭转或弯曲其所有脚趾的正确方法。我们不允许扭转单个或几个脚趾。图 8-33 中这种正确的方法在格斗中也是有效的措施。

如果你将腿、脚踝或其他身体部位放在对手膝关节内侧，你的所有锁腿技术都将会变得更有效，因为这大大增加了对脚趾或脚背的压力。

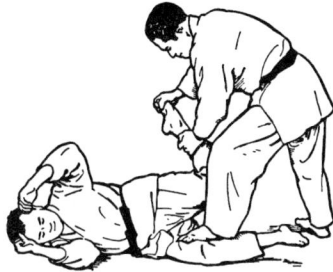

图 8-33

图 8-34

图 8-35 展示了对手在你完全不用手的情况下被降服的情况。你的
右臂在头顶方向伸展，同时右腿伸直，这能使你向右侧的滚动更轻松，
也可以增加腿部动作的效果。你继续如图 8-36 中那样继续滚动，达到
如图 8-37 所示的位置。用你的左肘支撑身体，如图 8-38 所示，用你的
右腿压住他的右腿，并轻微地拉向自己。

图 8-35

图 8-36

图 8-37

图 8-38

有一系列这样的锁腿技术，你稍加探索就能发现，如你可以从图8-39 所示的位置开始，右脚用力下压，直到你的对手跪在垫子上。把你的重心放在右膝上，将身体抬高，身体向前伸展，从右向左翻滚，直到你再次仰卧，你会发现你的对手在你的左边。这时，把你的左腿压在他的脚背上，你的右脚踝停留在他弯曲的膝关节形成的夹角里面，效果与图 8-40 相似。这个技术还可以进一步改进，如用你的左脚背钩住你的右脚脚后跟，这样做要容易得多。

图 8-39   图 8-40

我们已经了解到在对手两腿之间的任何冒险进攻都是非常不明智的。即使是对手得到了警告，但当他依然因为一个诱人的时机想完成针对你喉部的绞技时，他可能会发现自己陷入了非常被动的局面。当你学会了轻松平稳地抬起双腿时（尤其是当你的头稍微离开垫子时），你可以保持双腿不动，这样就不会提醒你的对手你的双腿已经准备好了。即便如此，你只要正确行事，不暴露自己的意图，你就有足够的机会使用它们。

图 8-41 展示了最简单的一种寝技。为对手提供一个容易做绞技的机会，或者当他放弃了一次不成功的进攻尝试后，或者当你因做任何其他动作而与你的对手一起翻滚时，你在面前把肘部并拢，双手向外

呈扇形来阻止他的手臂。抓住他肘部后面的袖子，如图 8-41 所示，双腿环绕他的腰，然后向六点钟方向推他，你的手臂在他的肘部后面朝你脸的方向拉。

图 8-41

　　虽然上述的动作看起来很简单，但你可能会发现你的动作没有效果，其中的原因有很多。首先，你必须确保对手的手臂是直的、可转动的，就像他拥有一双自由的手一样。要做到这一点，你要先用你的前臂在他的手肘内侧向自己施压，然后在你的腋下夹紧他的手腕。其次，如果他想站立起来，他必须先用他的手臂去推垫子，也就是说，锁技主要通过躯干运动产生，而你的腿只是阻止他自由地移动。简而言之，就像你在图 8-41 中看到的一样，他身体的重心向前偏移，远离他的膝关节。

　　你一旦固定好了你的对手的手臂——通常最好让他翻滚到一边，这样你的背部就更容易挺直——可以在他的手臂上产生非常强大的杠杆作用而不用担心平衡问题。所以，你的膝关节在他的前面要略微弯曲，否则在他翻滚的时候，他身体的全部重量会压到你的膝关节，骨头和骨头的触碰可能会让你和你的对手都非常痛苦。

图 8-42 展示的是剪刀绞。许多俱乐部禁止这样做，主要是避免这个动作对软肋下侧造成伤害。然而，只有缺乏经验的柔道选手才会有危险，因为降服应该通过压迫肾丛而不是肋骨来实现。在这种情况下，受技方从一开始便进行抵抗，因此受伤的可能性也不大。在没有柔道专家指导的情况下，你不要坚持太久，也不要突然地用力挤压——直到你能熟练掌握这个技术。注意，你的膝关节要挡在对手的腹部前面，用小腿前部内侧挤压对手的腰部，让对手的腰部尽可能靠近你的脚踝，这样你就可以发挥出更大的力量。

图 8-42

如果剪刀绞不完美，你就可以用肘部用力挤压对手的大腿内侧，将其股动脉挤压到骨头上，从而摆脱剪刀绞。图 8-43 和图 8-44 显示了你应该按哪里和如何按。为了防止他的有效防守，你必须紧紧地、小心地抓住他肘部后面的袖子，否则他可能会像图 8-45 那样使你的头低下。在图 8-42 中，你若只抓着对手的一只袖子，你的对手可能会将他的左臂穿过你的右大腿下面，然后把你的腿架过他的头顶。此时，你只是让他成功了一点，你的右腿可以放在他的肩膀上，如图 8-46。你的双脚相互钩住，用你的双手扭转他的手腕，使他的肘部向上弯曲，然后稳定地抬起你的臀部，使其离开垫子，伸直你的髋关节，如图 8-47所示。这样你就牢牢地锁住了他的手臂。你在弯曲他的肘部时不要推得太急，以免折断他的肘关节。

图 8-43

图 8-44

图 8-45

图 8-46

图 8-47

图 8-47 展示的是对手几乎站了起来，他已经意识到你即将针对他的右臂实施关节技。你可以通过移动你的身体来使他的手臂伸直，但在这种情况下，最好的做法是你抓住他的手臂，这样他就无法摆脱你的重量，从而被迫伸直手臂。无论他的右肩是否完全收回，你都要保持双脚相互钩住，然后伸直你的腿，你的右膝将能牢牢地绞住他，挤

压他的颈部，如图 8-48。

你的对手可能会全力抽回他的手臂并挣脱右肩，如图 8-48 所示，那样的话你就很难实施锁臂技术了。图 8-49 显示了在这种情况下的做法：尽管你无法实施锁臂技术，但是你要继续控制着右边的把位。你的对手会继续努力抽回他的手臂。与此同时，你要把注意力集中在他的另一只手臂上，他对那只手臂相对较为放松。最后你要让对方的右肩从你的两腿中滑出，就在那一刻，你可以锁住他的左臂。你甚至可以成功地把他的右臂压在他的左肘下，此时尽管杠杆很短，但锁固的动作仍然会奏效。这并不难做到，因为当他感觉自己从纠缠中挣脱出来的时候，他的手臂就会放松，这恰恰给了你转换进攻方法的机会。

图 8-48　　　　　　　　　　　　　　　　图 8-49

你在伸直腿和抬起臀部的过程中应该放慢动作，注意对手的第一个屈服迹象，因为他几乎不能充分地用唯一空闲的手的背面拍垫。拍垫认输的习惯往往会根深蒂固，当对手不能拍垫时，他不会马上想到大喊大叫。

图 8-49 展示了你向右滚动的可能性。你先抬起肩膀离开垫子，随之臀部发力向前方挤压，然后肩膀向后移动，这样你就可以做到了。

图 8-50、图 8-51 和图 8-52 显示了在类似情况下经常可能出现的另外两种锁技。根据前面的讨论，这些技术是不言自明的。注意图 8-51

中施技方臀部的位置。

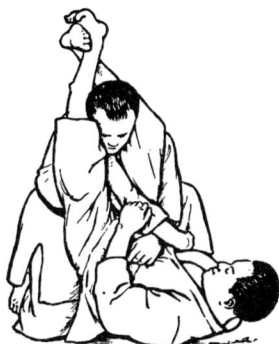

图 8-50

图 8-51

图 8-52

  对一个受过良好训练的柔道选手来说，剪刀绞对他会变得无效，因为他已经学会了控制小腹和正确呼吸的方法，如先控制住小腹，然后采用胸式呼吸。如果你的对手的块头太大，或者他可以抵抗你的锁技时，你可以像图 8-53 所示的那样，把头向后仰，以便更容易地把他的手臂推开。当你处于图 8-54 所示的位置时，抬起你的右肩使其离开垫子，用你的右臂圈住他的头，并尽可能把自己的道带往左拉。现在抬起你的臀部使其离开垫子，用你的右臂压住他的头，并移动你的肩膀，这些动作要逐步完成（图 8-55）。你和对手要成为一个坚实的整体。你需要有力量储备，但如果你用力过猛，会导致你的对手扭伤脖子或产生更严重的伤害。

图 8-53

图 8-54

图 8-55

通常情况下，你不应该依靠剪刀绞来获得最终的胜利，但它是一个非常有用的辅助手段。当你采用其他绞技的时候，它可以用来保持对手的稳定。图 8-56 展示了这种可能性。逆十字绞的动作是通过拉扯和扭曲手腕，用指关节挤压对手颈部的敏感部位。注意图中右手的动作。

图 8-57 展示了如果不正确应用绞技可能发生的情况。你的对手会把他的手肘放在你的大腿内侧，如图 8-58 所示，迫使你的腿分开，如图 8-59 所示。如果你能在放开他的衣领之前至少把一条腿搭在他的肩膀上，那么你就有可能将他的左臂拉回到你的两腿之间，用你的手按压他的后脑，采用如图 8-57 所示的绞技。即使他的脖子和头部受到的压力没有你希望的那么快见效，他也不能阻止你对他的左臂实施关节技。仔细观察图 8-57 并模仿，你很快就会学会。

图 8-56

图 8-57

图 8-58

图 8-59

图 8-60 展示了一个非常有效的逆十字绞动作。即使你的对手成功地将前臂放在你的手肘上，使你减小对他的颈部的绞力，你也可继续扭转你的左手腕，同时缩短你的右臂，用你的脚蹬对方，你的手肘沿着你的肋骨向外移动。正确的动作是你好像要站在他的臀部上一样。图 8-61 展示了这个动作如何使对手的上体从道带以上的地方向上弯曲，由于你的手腕在他的下颌下面，他的头部会被迫向后仰。你比较两幅图就可以看到，两幅图中头部的位置不一样。在这种情况下，如果你想避免让对方的下颌或脖子脱臼，就要避免做突然性的动作。

图 8-60 和图 8-61 的状态很容易通过翻滚而转换成受技方在下、施技方在上的状态，施技方在上处于骑跨姿态时，也可以同样使用这个绞技。一般来说，最后一种情况需要反复练习，直到你对它非常熟悉，以至于当任何微小的机会出现时你都能抓住并顺利实施绞技。我

的目的只是让你知道可以做什么，剩下的训练以及其他工作需要你自己完成。

图 8-60

图 8-61

第九章　从右边或左边施技

　　在进攻方处于站立位，而对手处于仰卧位的情况下，可以实现极其多样化的攻击，因为肩膀和臀部在这种姿势中都可以固定在垫子上。若对手处于仰卧姿态，你站着进行攻击，第一个目标应该是固定或控制他的臀部或肩部。而仰卧的人要牢记浮板的比喻，即抬起身体没有被压住的部位，以便找机会摆脱控制，可以通过侧滑、滚动、抖动或摆动等方法逃脱，避免身体的中心部分暴露在垂直压力下。

　　图 9-1 展示了一个极其危险的控制动作。站立的进攻方用常用的方法抓住仰卧的人的衣领和袖子把位，将右膝放在对手胸骨下端。像图 9-1 中那样，进攻方两脚站得宽一些，体重的一部分放在左脚上，一部分放在右脚的脚尖上，右侧臀部向前移动，从而挺直背部。如果进攻方的手臂不伸展，就会产生非常大的压力。因此，进攻方做这个动作时不能使用全部的力量或突然的暴力。如果进攻方的站立姿势正确，就可以通过技巧来保持控制，通过平稳渐进的动作来获胜，而不会达到永久性伤害的危险临界点。

图 9-1

为了阻止你的攻击，仰卧的对手会试图用其左手把你的右膝从他的胸前推到他的右边，但简单的推动是不够的，这根本对你没有威胁，除非你的姿势非常不稳定。他会轻轻地抬起臀部，用左脚支撑自己稍微向左移动，将你的膝关节推到足够高，降低他的背部，以减少摩擦，并从你的膝关节下挪开。如果他仅成功地移动自己，并使你的右手的拉力占主导地位，那么他实际上已经摆脱了你的控制。然而，一旦你的控制牢固，他就会拍垫认输。

注意你的头部相对于对手的位置。如果你的膝关节相对于他的道带压得太低，而你的头没有足够向前，你的这个动作实际上是在帮助他坐起来。

在任何情况下，最合适的动作都是经典的十字固，如图 9-2、图 9-3和图 9-4 所示。只要把你的左腿绕在他的头上，然后向后躺下即可完成。当你的姿势正确的时候，你的对手是不可能破解十字固的。但是，如果他及时把脸转向你，把你的左腿移到他的头上，他的头可能会抽脱出来。他会移动身体，与你的身体成一条直线，然后翻身到右边使自己的手臂挣脱出来。因此，你必须正确地按住他的头，如果他的头摆脱了你的控制，你就立刻把他的头拽回来。图 9-5 展示进攻方在关键时刻恢复了对对手的控制。

图 9-2

图 9-3

图 9-4

图 9-5

图 9-6、图 9-7 和图 9-8 展示了如果进攻方在做动作时犯了以下几点错误，受技方就可以破解十字固：（1）他不是完全仰卧，而是稍微靠左边；（2）他的右膝关节没有起到任何作用；（3）他的左腿没有起到真正的作用。如图 9-6 所示，你将双腿轻轻摆动到五点钟方向，完全摆脱他的右膝关节，然后逐步运动至图 9-7、图 9-8 所示的位置。如图 9-6 所示，你要主动缩短右臂以平稳地举起你的腿来提供锚点，进而使其余的动作顺利完成。

图 9-6

图 9-7

图 9-8

回到图 9-9 所示的身体姿态。进攻方的对手可能试图通过向左翻转来避开你的锁臂。他的胳膊将会因此变短、变僵硬。你的右脚跨过他，坐在他身上（图 9-10），将他的手腕压向你的胸部并使其向前伸展（图 9-11）。慢慢地伸直你的腿，把你的臀部向前推，展髋。此时他被绞住了，并且你锁住了他的手臂。

图 9-9

图 9-10

图 9-11

从图 9-12 所示的姿态开始，你也可以像图 9-13 所示的那样向后躺并实施十字固。在这种情况下，你在落地之前不要对他的手腕施加任何压力。如果你用一个完全固定的十字固后躺，你根本无法控制这个动作的力度，你的身体后躺的惯性可能会折断他的手臂。

图 9-12

图 9-13

　　如果对手用手拉住你的衣领，想要拉住你或绞住你，你可以将右手放在对手方的手肘后（图 9-14），再用左手辅助将对手向自己的方向用力按压，使对手的手臂伸直，你逐渐直立上体（图 9-15）。你把他的手肘扭到你的左边，你的右肩向前倾。你不要等到对手伸手去抓你的衣领，你可以用你的肩膀抵住他的前臂，抓住他的手肘，然后挺直身体。

图 9-14

图 9-15

　　或者，如图 9-16 所示，你的左手抓住他的手腕，你的右手从他的手肘后面绕过去握住你自己的左手手腕，如图 9-17 所示。把他的指关节压在垫子上，把他的手腕折起来，他的手指就会张开。你的右臂伸直，把他的手肘推到你的左边，同时用你的小腹压住他的右肩，你的腿甚至可以伸开，以固定住他的身体，减少他的肩膀和手肘的扭动。

图 9-16

图 9-17

如图 9-18 所示，抓住你的对手后颈部的衣领，然后用你的右手把他的肘部推到你的腋下，这样可以创造一个如图 9-19 所示的有利情况。如图 9-20 所示，用你的胸部压住他的肘部，你的右腿如图 9-21 所示那样伸展。你的左手回拉并扭转他的头，这样就能部分地绞住他。即使你不能让他在被施以锁肩、扭头和绞技的情况下拍垫认输，他也很难摆脱这种处境。

图 9-18

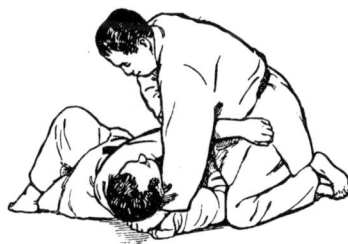

图 9-19

图 9-20

图 9-21

有许多手臂和绞技的组合动作比单独使用任何一个动作更有效。如图 9-22 所示，用你的左手抓住对手的衣领，你的右手绕住他的右臂，并抓住他的肘部后面的袖子。

图 9-22

你把他的手腕就像图 9-22 中所示的那样藏在你的腋下。与此同时，用你的右膝关节在他的胳膊下尽可能地抵住他的身体。你的左手腕绷紧，你的右手拉住他的袖子，把他的衣领上所有可能松弛的地方拉起来，迫使他朝扼住他的手腕的方向移动。

你的左手抓住对手道服的领子，拇指在外，如图 9-23 所示，你就做出了我们之前提到的绞技和锁臂关节技结合的动作。你的左手腕关节弯曲，从而用手腕关节抵住他的喉咙。你的右手继续拉他右边的袖子，你的左手将他的衣领拉紧并固定。你的左手应尽可能地绷紧，以便你的左肩往下压时也不会滑落。你的右肩抬起并稳定地抵住他的右前臂，同时用你的右手抬起他的右手肘，这样可以锁住他的右臂。正确的动作是你的右肩和右手臂形成一个整体，左臂伸直。然后，你转动左肩，旋转左肘。注意你的左腿位置和对手扭曲的头部。这时由于你的手腕收紧，你的左前臂将碰到他的下颌。

图 9-23

如图 9-24 所示，这个动作可以呈现一个非常理想的锁臂技术。你的右臂缠绕在他的右手臂上，同时用你的右膝关节抵住他的右臂，使他无法向右移动。用你的左前臂压住他的喉咙，同时利用左肩向下压。现在你坐到你的右脚跟上，右脚背触碰到对方身体的一侧，如图 9-25 所示，移动你的左腿去压住对方的脖子，用你的左手抓住你的右手手腕。现在你处于向后倾斜的姿势，把你全部的体重压在他的前臂上。你压在他的手臂上的重量足以把它折断，这是非常危险的锁臂动作。关节僵硬的练习者容易向后跌倒，右膝膝关节不能像图 9-26 中那样完全折叠。因此，他们可能无法阻止对手的锁技。因为只要他们的身体向后倾，右前臂就会被卡住。只有他们的身体向前倾，他们才能破解对手的锁技。你在训练过程中必须非常小心，在确保自己能控制这个动作且不会造成严重的伤害之前，不要做如图 9-26 所示的重重向后倒下那样绝对的锁死动作。

图 9-27 展示了一种可以经常使用的绞技，这一技术在你的对手的水平与你旗鼓相当时要少用。如图 9-27 所示，你在不松开他的衣领的情况下用右手按住他的喉咙，用左手用力拉住他的衣袖防止他转向右边，用指关节抵住他的喉咙。在对方的衣领允许的范围内，使你的指关节偏向你左侧一方，像一个齿轮一样在他的喉咙上连续挤压。注意

图 9-24

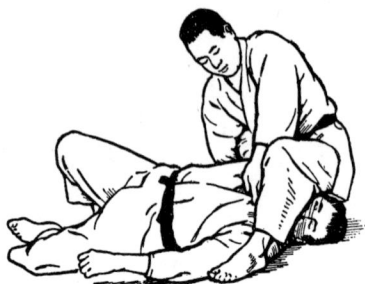

图 9-25

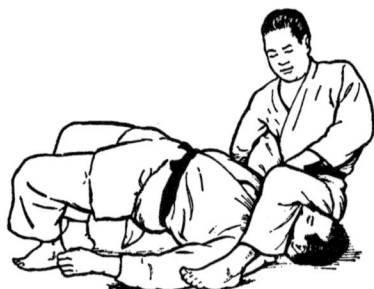

图 9-26

你的脚和臀部的相对位置，这样你就可以跟随对手的挣扎而移动。这种绞技动作的缺点是为了施加更大的压力，你的右臂必须尽量伸直，这样才能有效地传递你的身体推力。如果你不停下来或翻身，你的对

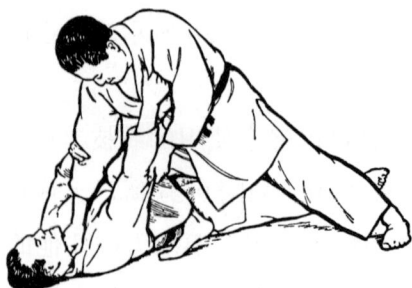

图 9-27

手就可以推你的肘部，甚至使你的肘部脱臼。因此，你的右臂必须微微弯曲，如果有必要，你应转换成锁臂动作。

侧方进攻提供了多种固技。图9-28、图9-29和图9-30展示了一些进入图9-31所示的最简单的袈裟固的方法。你的头应该低下去，这样你的右太阳穴才能接触到对手的太阳穴。图中展示的是你故意忽略了这一点，以便引诱你的对手推你（如图9-32），你趁机使用图中所示的锁颈技术。注意图中按压对手胸部的方法，这会使他的后颈伸展，而且你也借此使用更大的力量，而非把对手拉成坐姿，否则你会失去控制或让他的头完全摆脱出来。

图 9-28

图 9-29

你也可以通过放松你的前臂，减轻对他的肘部的控制，以便让他的右臂摆脱出来，或通过制造简单的失控而让他的右臂摆脱出来，这时他可能试图推动你的下颌，如图9-33所示。在你的对手屈服后，你的头部快速下压，同时把他的肘部推到你的右边。你低头的速度要快，以防止他把手臂放到原来的位置（图9-34）。松开你的手或者最好在你的头刚刚接触到对手的头之前收回你的手。如图9-35所示，你的双手搭扣完成对他的肩颈的控制。你的身体向左扭转，同时用你的左臂

图 9-30

图 9-31

图 9-32

图 9-33

图 9-34

图 9-35

用力拉，左肩向后引。如果你的双手像图 9-35 所示那样交叉，你的前臂桡骨一侧可以压在他的左后颈侧，以扭曲他的颈部。

如果你用前臂靠近肘部的柔软部分或其他部位施技，这将导致你针对对手头部的锁技难以奏效。你可以扭转臀部到图 9-36 所示的位置。在这种状态下，你的姿势是用你的头用力推压，用你的全部体重施压，这样你将能更有效地使用你的手臂。

图 9-36

想要破解图 9-36 所示的固技相当困难。但是，协调一致的行动往往在似乎没有希望的时候取得成功。如果对手用力拉他的右臂，把他的头缩到两肩之间，用他的手臂推你的头，那么你的前臂柔软的部分可以顶住他的后颈，使他能够承受。如图 9-37 所示，你的对手用左手抓住你的衣领，如果可能的话，他会把双腿举起后猛地下压以提供动力，这样他就可以脱离垫子。然后，他可以把臀部转向他的左边，并朝他的右肘方向有力地向前摆动。这个动作将使他呈现图 9-38 中的姿势。然而，他的动作的最重要部分是身体的摆动，这也将使你和他的身体的接触点沿着你的肋骨移向你的胸骨。如果你没有可以模仿的例子，参考并练习这些图示中心动作可以帮助你做出正确的动作。

图 9-37

图 9-38

在平时配对训练固技的时候，你可以让你的伙伴具有一个明显的优势，这样便于他掌握技术。然而，在适当的时候，随着你的技能和身体控制能力的提高，你可以找到很好的机会破解任何固技。

有规律、有耐心、有智慧的练习会让一切变得不同。下面介绍五种不同的破解固技的方法。

一是图 9-39 和图 9-40 显示的最简洁、最常用、最核心的技能。注意观察对手的腿向左侧的摆动，他这样做可以起身，使背部脱离与垫子的接触。与此同时，他的右臂往上推你，好像要把你推离两点钟方向。此时，他已经将与你的接触点尽可能地移向他的头部。

当你试图让他回到原来的姿势时，他的双腿敏捷地朝四点钟方向向下摆动，然后左腿停止，右腿继续，如图 9-40 所示。他的双腿的运动是由整个身体的协调动作产生的，并与你的动作相吻合，以恢复原来的姿势，这使他呈现图 9-40 中的姿势。

需要注意的重要细节有：你的对手会用左肘抵住垫子；他的身体是在道带处而不是在腹股沟处弯曲；他在完成动作前，右臀部没有接触垫子。在你以这种方式彻底摆脱对手压制之前，可能需要很长时间。你需要有耐心。你和你的搭档完全对称地半躺，就像图 9-40 中的两个人一样。但你的右手放在对方的右肩上，然后一个人坐起来，把他的肩膀压在垫子上，而他试着摆动身体坐起来。这样交换轮流训练。随着练习的逐渐增加，你和你的搭档最终将学会协调自己的身体，做出正确的动作。

图 9-39

图 9-40

二是如图 9-41 所示，仰卧的一方要将从右侧压在自己身体上的对手压向左侧。从图 9-42 的姿势开始，被固定的人必须把你的腰部拽到他的胸前，然后他才能对你的身体采取行动，克服你右膝的阻碍。如果不中断你们身体之间的接触，他就不可能克服摩擦力而把你带到理想的位置。因此，他伸出左手竭尽所能地去抓你的道带，试图坐起来，并把你往上推了一点点。你把他推回原来的姿势，他就会抬起臀部，用手臂把你推过头顶，以此来强化你的位移。他只需要使用一小部分力量，然后连续快速地进行 2 ~ 3 次尝试就能充分移动你，使他的最后努力变得有价值。事实上，你的腰正在移到他的胸部。他现在最后一次抬起臀部，与你对他肩膀向下的压力相吻合，并将你朝十点钟方向推去。如果你没有足够快地放开他的右臂，并像图 9-41 中那样阻止你向前移动，你会发现你自己是仰卧的，而你的对手在你身上。

即使你用你的左手阻止他的动作，但只要他像图中展示的那样从你的身体下方移开，他就有可能解脱出来，他可以在你调整用力的时候把他的臀部移到左边。

图 9-41　　　　　　　　　　　　　　　图 9-42

　　三是假设你把左手放在垫子上，现在把自己推到原来的位置。对手会预料到这一点，并试图让你偏离预定的路线。观察图 9-43，你会看到连接你的左肘和他的左膝的线是你在允许的情况下移动的方向。他会朝那个方向拉你，同时滑向你，使你头重脚轻，然后把你翻过他的肩膀，如图 9-44 所示。注意图 9-43 和图 9-45 中他的双腿位置，图 9-43 中的左脚，图 9-45 中的右脚，他可以抬起臀部，并沿着站立脚后面的垫子将另一条腿尽可能向后收回。这个动作使对手的双脚离开垫子，并在你的上方摆动，从而使他的身体处于你的上方。此外，他可能只是简单地扭转他的臀部到图 9-46 所示的固定位置，例如，在你的右边或左边。

图 9-43　　　　　　　　　　　　　　　图 9-44

图 9-45   图 9-46

如果你还不熟悉上述动作，可以反复练习。这些动作非常有用，
应该熟练掌握。

四是对手可以解脱他的右臂。他会用左前臂抵住你的颈部右侧，
将右肩抬离垫子，并用力拉右臂。他会反复这样做，可能很快就能像
图 9-47 中那样将右臀部收回到左边，然后跪下来。他现在只需要用左
臂压住你的右肩，把头向后仰，迫使你的小臂向上，你就会因为肘部
疼痛、肩膀疼痛或者两个部位一起疼痛而拍垫认输。

图 9-47

五是你的对手用左手抓住你的道带，通过臀部和手臂的协调配合
将你抬离垫子，这样足以让其弯曲的右膝关节从你身下移开。当他在
你的臀部或大腿下方移动他的膝关节时，他将右臀部移离你就可以扩

大他和你之间的空间，那么他的身体只需要抬起一点即可。他的膝关节一旦在你的下面，他就可以很轻松地把你翻转到他的左边，就像图9-48所示的那样。如果他能抓住你的衣领，而非用左手抓住你的道带，那么他可能会通过部分地绞住你，让你的头部和肩膀向左，以便轻松地抬起你并进行翻滚。

图 9-48

图9-49展示了一个巧妙的固技起始环节。图9-50展示的是你的左手已经拿住他的道带把位后的下一步动作。你会发现，抓住自己的衣领比抓他的道带的把位更便利。现在，对手将试图把他的右臂或膝关节放在你和他之间。你可以通过下沉臀部和伸展双腿来压住他。或者你伸展左腿，用右腿把他的手臂固定在他的身体上，或者把你的臀部扭到如图9-51所示的位置，这样你的右大腿就可以把他的手臂固定在他的身体上。另外，你也可以像图9-52那样扭转你的臀部，这样你的左大腿就挡住了他的右膝关节。注意，当他努力用左肩推你时，你可以像图9-50中那样用你的右臂进行阻挡。当他试图滚动到他的左边时，你可以像图9-53中所示的那样用头和肘部对他进行控制。面对一个强大的对手，你会发现自己就像在骑一匹彪悍的野马，但经过训练，你就可以学会通过简单地把你的手、脚、肘部和头放在适当的位置来遏制他的猛烈反抗，他很快就会因疲倦而屈服。

你的对手为了摆脱控制，会把他的右膝或手臂放在你和他之间，以便他伸直身体，把你从他的大腿之间翻到他的左边。

图 9-49

图 9-50

图 9-51

图 9-52

图 9-53

图 9-54、9-55 和 9-56 展示了另一种固技。如图 9-54 所示，你的右手从他的左大腿下穿过抓住他的道带。你的头下压，你的左手抓住他的后衣领，如图 9-56 所示。这里展示的是正确的固技动作。前面所有关于固技将对手的右臂固定在身体上，同时防止其右膝关节位于施技方和受技方之间的说法都同样适用于这个动作。如果你的头部没有

正确地塞进他的腋下，他可能会用他的前臂推开你的头（图 9-57），并用他的双腿夹住（图 9-58）。他也可以设法把他的手放在你的左肘上，通过轻微地扭转控制你（图 9-59），从而强迫你拍垫认输。如果他的右肩抬起，他实施这种关节技就会非常困难。

图 9-54

图 9-55

图 9-56

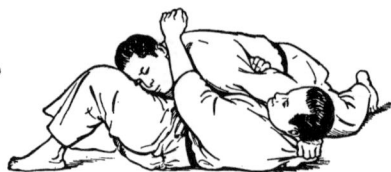

图 9-57

图 9-58

图 9-59

图 9-60 展示了破解上述固技的一种方法。通常情况下，你的对手会朝相反的方向推你，如把你从三点钟方向推到九点钟方向。当你试

图让他回到原来的位置时，他的动作将与你的动作同步，如图9-60所示。

图 9-60

即使他没有成功，这也会让他把他的右膝放在你俩之间，就像图
9-61中那样，这样你就会有更多的机会站到右边，可能还能抓住他的
领口。

图 9-61

图 9-62 展示的可能是所有固技中最有趣的动作，因为除了对手的
左臂外，你对他没有绝对的控制，也没有明显的优势。在使用这种固
技时，你需要拥有比你的对手更强的动态平衡能力和技能，这样你就
可以在对手每次翻转的时候不断地强迫他恢复他的原来位置。面对一
个喜怒无常的对手，你会发现自己在垫子上到处移动，不断处于失控

的边缘。这确实很有趣。

如果你仔细观察图 9-62，你会看到你的对手可以自由地移动他的腿和臀部。因此，他会尝试抬起他的臀部，就像图 9-63 所示的那样，通过起桥把你投出去。你的右腿和左腿应该互相替代支撑，并在他推你的方向上提供支持，因为如果他觉得他的尝试快要成功了，他就会做出进一步的努力。

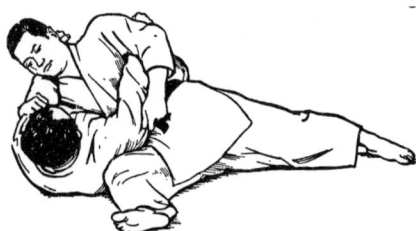

图 9-62

图 9-63

当你站起来时，他可能会在你再次倒下之前转身摆脱你，并试图把他的右膝放在你和他之间。他也可能会找到一个机会解脱他的左手并使用它（图 9-64），这不是一个明智的举动；或试图绞住你（图 9-65），并用他的左膝提供帮助（图 9-66）。

图 9-64

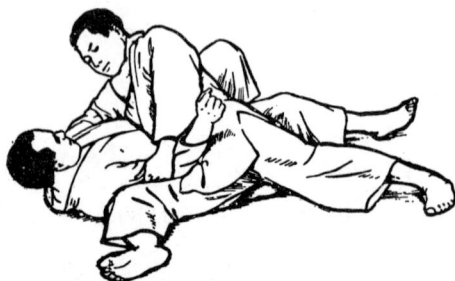

图 9-65

图 9-66

　　技能和经验会决定成败。你必须准备好使用你四肢中的任何一个和你的头部来破解他的技术，并在控制失败后进行弥补。你的右肘必须准备朝两点钟或四点钟的方向移动，至于具体朝哪个方向移动取决于你的对手想把你翻向哪个方向。你的右手必须准备放开，像图 9-67 中的左手那样推垫子，然后尽快地再次抓住他的袖子。你的腿必须像图 9-68 中那样准备好变换位置，你的头必须像图 9-69 中那样准备好支撑。

图 9-67

图 9-68

图 9-69

　　为了使你能在短时间内完成所有可能的动作，你必须以你的右臂为支撑保持身体平衡。这样他一开始的对抗就会使你的身体变得更轻巧灵活。除了短暂的特定动作，你永远不要完全依赖你的任何其他身体部位的支持。

　　图9-70显示的固技是值得注意的，它使你几乎可以随时结束战斗。你可以做出如下选择。（1）袈裟固，如图9-71所示。（2）肩锁固，如图9-72所示。（3）横四方固，如图9-73所示。横四方固为图9-74所示的动作做好了准备，你用你的颈部压住对手的左臂，同时用你的左手腕压住对手的颈部（以阻止他抬起头）。然后，你可以把左腿放到图9-75所示的位置，腾出你的左手，如图9-76所示，用你的右肩压住他的小臂，针对他的左臂施展关节技。注意你头部和右肩在垫子上的位置，以及左腿的伸展。（4）如图9-77所示的锁臂。

图 9-70

图 9-71

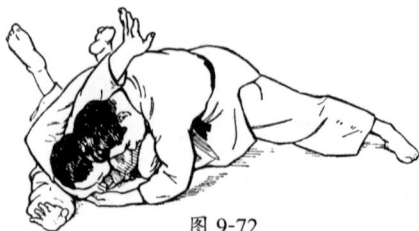

图 9-72

图 9-73

图 9-75

图 9-74

图 9-76

图 9-77

从图 9-78 开始，你可以向左翻转身体。在你右脚放在垫子上的位置上交叉双脚，用你的双脚夹住对手的头部，把你的对手固定在图 9-79 所示的位置。

图 9-78

图 9-79

当你在对手旁边时，你可以施展很多锁臂技术。图 9-80 展示了一种非常有效的方法，你的右手要抓住你的左衣领以提供支撑。注意锁定对手手腕的方向，要使其拇指向下。

图 9-80

　　图 9-81 和图 9-82 展示了与图 9-83 锁臂的不同形式，锁臂是将压力施加在肘关节上而非手腕上，并在大腿上施加压力。我们现在可以回顾一下对手躺在地上、进攻方从九点钟方向接近的动作。你仔细观察这些动作就会发现，只要对手的头与道带平齐或在道带附近，躺着的对手通常就处于有利的位置。

图 9-81

图 9-82

图 9-83

因此，如果你试着移动一下，以获得对你有利的位置，你就要主动地移动你的身体，而非强迫你的对手去移动。因为你的对手可能很笨重，身体僵硬。总的来说，他不会配合你移动。

例如，图 9-84 展示你的对手处在一个看起来更好的位置，但如果你稍微朝你的头部方向移动，那么几乎没有什么可以阻止你把你的左腿放在如图 9-85 所示的地方。在图 9-85 中，不容易看到的是你把他的右臂拿在了腋下。这个把位如图 9-86 所示。事实上，这时你用腿用力向下压他的头会折断他的手肘。你不能让他失去身体平衡，因为他若跌倒，你不松开他的右臂，那么他的右臂就可能会折断。如图 9-87 或图 9-88 所示，用你的右手抓住他的右袖子，并锁定他的头部，这是更安全的，这也取决于他转动的角度。你也可以让他的肘关节紧贴你的大腿或腹股沟，这样你就可以针对他的右臂施展关节技。

图 9-84

图 9-85

图 9-86

图 9-87

图 9-88

在图 9-89、图 9-90、图 9-91 和图 9-92 所示的锁臂技术中,你在推对手,实际上你是在远离对手。但是,你可以通过扭动身体的不同部位或从垫子上交替地抬起身体的不同部位来减少你与垫子间的摩擦。在图 9-90 和图 9-92 中,你的移动特别明显。最重要的一点不是更容易地移动你自己,而是通过移动你的身体去拉直对手的手臂。你单靠力量很难做到这一点,但可以通过固定他的臀部,然后移动与他的手接触的身体部位,使他的手臂伸直。你的手臂要把他的手固定在他拿着你的位置,并压住他的肘部。

图 9-89

图 9-90

图 9-91　　　　　　　　　　　图 9-92

第十章　从头部施技

　　当你从头部的十二点钟方向接近一个训练有素的对手时，他会摆动身体，因此你会碰到他的脚而不是之前预期的头。他通常会把一只手放在你的腿上，帮助他在动作的初期获得必要的动力。他的身体会像图 10-1 那样蜷曲，但他的眼睛会注视着你。腿的弯曲对于快速旋转是必不可少的，因为这样力矩将减小到最小。你应该自己多练习，直到运用自如。

图 10-1

　　你可能还会遇到如图 10-2 所示的攻击。当你的对手以图 10-3 的姿势仰卧时，只要他抓住你的袖子（图 10-3），他就能在你弯腰时轻松地用双腿夹住你的头颈部。作为防守，你需要在他的双腿伸向你的头部时用你的前臂挡住他的腿。

　　即使你的头在他的两腿之间也不会失去一切机会。如图 10-2 所示，你可以抓住对手的裤子，把你的身体重心向后移，使你的对手的全部体重落在他的后脑勺上。如果你想从这个动作中解脱出来，你可能会发现你要跪下来，双膝分开，用力下压并坚持一段时间。这样做会让他的后颈肌肉伸展，他头部的血液循环和呼吸会受到严重阻碍。因此，关键在于谁能坚持更长的时间，但最好避免这种情况。

图 10-2

图 10-3

图 10-4 和图 10-5 展示了有经验的、躺着的对手施展的非常巧妙的攻击，这两个动作值得仔细研究。你会发现最后是自己倒在地上，对手骑在你身上，或者你的右臂被他锁住。因为他会抱住你并在翻滚结束时站起来处于一个绝佳的位置，以便锁住你的手臂或施展任何他可能实施的关节技。

图 10-4

图 10-5

图 10-6、图 10-7、图 10-8、图 10-9 和图 10-10 展示了当躺着的对手抓住了你的胳膊或袖子，而你屈膝或跪下时你可能会遇到的情况。除非你的对手非常轻松和平稳地完成了这些动作，否则你的这些攻击很难奏效。因此，在尝试做这些攻击动作之前，你必须投入必要的时间反复训练来确保你能正确有效地完成这些动作。

图 10-6

图 10-7

图 10-8

图 10-9

图 10-10

如果你避开对方的双手，情况就会大不相同。图 10-11、图 10-12 和图 10-13 展示了如何消除来自他的手臂的攻击。你的头必须滑动接近他的身体，如图 10-13 所示。图 10-13 也展示了你通过胸部按压使他的脸转到图 10-14 所示的位置，最后成功实施上四方固。对手会试图用手抵住你的下颌，因此你必须侧着头，把头转向右边或左边以确保对手的意图不能实现。你可以像图 10-13、图 10-14 和图 10-15 所示的那样，把你的上肢尽可能地靠近他的肘部，也就是把你的手肘尽可能地从垫子上抬起来，此时他的前臂几乎触到了你的后颈，因此无法触及你的下颌。

当你的对手试图把你翻转过来时，你可以把你的肘部放在垫子上维持平衡，等紧急情况结束后再把肘部收回去。如图 10-15 所示，只有当你把你的小腹适当地向前压，你的膝关节完全折叠，图中所示的上四方固才是有效的固技。然而，当你感觉身体不稳定时，你必须准备好切换到图 10-14 的位置，在紧急情况结束后再回到原来的位置。

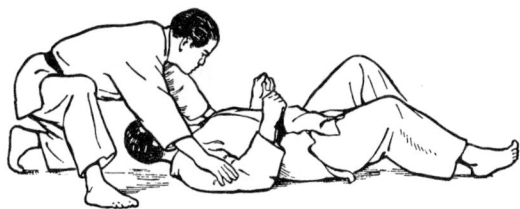
图 10-11

图 10-12

图 10-13

图 10-14

图 10-15

图 10-16

从图 10-15 的位置开始，你可以像图 10-16 那样向左或者向右翻滚，用你的两条腿夹住他的颈部，用膝关节抵住他的肩膀。如果你这样做，当你到达垫子时，你的膝关节就应该压在他的下颌下面而非在他的耳朵后面。

许多固技可以成对儿地进行组合或者组合成联络技。其中，你的手臂与对手的接触几乎保持不变，而髋部和腿部可以像推荐的练习中那样自由地改变位置。

如图 10-17 所示，用你的右手拿住他的右臂，同时像图 10-18 所示的那样抓住他的道服或他的右领内侧，然后将你的左臂伸进他的左臂下方，抓住他的道带，如图 10-19 所示。注意，你的头要放在他左臂下的位置。你的右手肘放在你的大腿上，然后你的腿部做出像图 10-20 中所示的动作。要记住的重点是，当你的对手抬起臀部时，你就把你的右肩压在他的胸部上。

图 10-17

图 10-18

图 10-19

图 10-20

　　图 10-21、图 10-22 和图 10-23 形成了一条技术链。你可以从图 10-23 中双腿的位置开始，当你的对手试图把你翻转到他的左边时，你可以像图 10-22 中那样把腿移到右边；如果你感觉他的右臂从你拿的把位中挣脱，或者为了阻止他在一点钟方向发力，你可以把腿移到图 10-21 的位置。在所有这些固技动作中，如果对手试图移动的话，你可以允许他在垫子上进行适度的移动，你只要保持你的相对位置即可。如果你的身体重心被对手移动，他是可以带着你在垫子上一起移动的。日本教练将其描述为"你就像一条湿毛巾一样躺在你的对手身上"。

　　从图 10-22 的位置来看，你用左手抓住对手的道带或用左肩压住他的胸部，通常很容易完成图 10-24 所示的锁臂固技。或者，你可以简单地向后靠，切断他的进气，让他窒息。

　　对躺着的对手来说，当他背对着你的时候坐起来是绝对不能尝试的事。图 10-25 展示在这种状态下你可以使用的一种可能性动作。在这种情况下，其他拿法也同样可行。

图 10-21

图 10-22

图 10-23

图 10-24

图 10-25

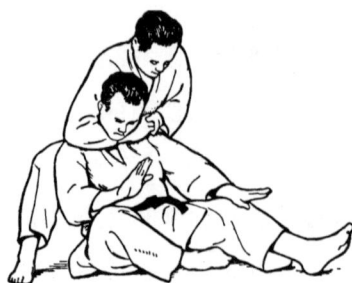

图 10-26

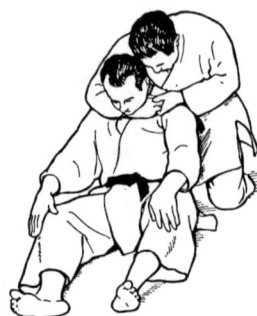

图 10-27

图 10-26、图 10-27 以及图 10-28、图 10-29 和图 10-30 展示了大多数柔道选手都熟悉的两个例子。

图 10-28

图 10-29

图 10-30

图 10-31 和图 10-32 展示了绞技和锁肩相结合的动作。

图 10-31

图 10-32

图 10-33 和图 10-34 展示了另外两种方法。

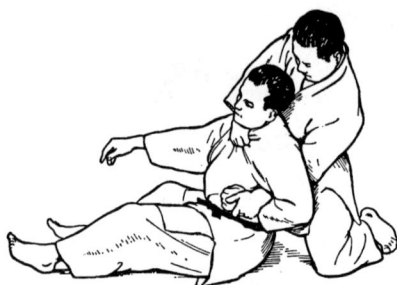 

图 10-33   图 10-34

图 10-35 和图 10-36 展示了一个可以用于绞住无道服对手的绞技，因为它不涉及道服把位。图 10-37 和图 10-38 展示了另一个具有相同优势的绞技。在图中，你的对手试图拉住你的袖子以减弱你的绞技力度，但由于你的臀部向前推而你的肩膀向后仰，他的腰部脊柱会弯曲，所以他一定会被降服。

图 10-35   图 10-36

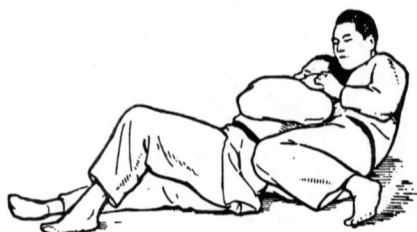 

图 10-37   图 10-38

在做这个动作时，要注意不要交叉你的双脚。图 10-39 展示了不应该这样做的原因，因为你的脚背的反向延伸会迫使你认输。

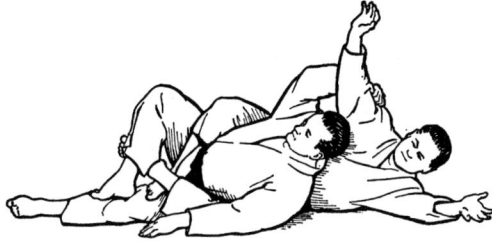

图 10-39

图 10-40 展示了你的对手将右脚背钩到他的左膝关节后面，他只要稍微抬起臀部即可形成反关节。如果你不屈服，就会折断你的脚背。

图 10-40

图 10-41 展示了强大的组合技术。你在这个把位和许多类似的把位控制中翻转对手——至少是部分翻转（图 10-42）——或像图 10-41 所示的那样完全翻转是至关重要的。

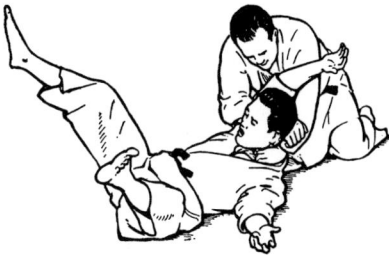

图 10-41

图 10-42

你在背对对手时试着坐起来是不明智的。在你坐起来的这个过程中一定会有一小段相对静止的时间，在这段时间里，对手可以在几乎没有任何阻碍的情况下对你发起攻击。

图 10-43 和图 10-44 展示了从背后挫败对手攻击的方法。为了使你的防守有效，这些动作必须在遭受对手进攻的早期阶段就实施。当对手在你的背上时，这种方法可以在所有情况下使用，而不仅仅局限于你坐着的时候。

你在坐起来之前转动你的背部道带以下的身体部分，这样你就可以在站起来的时候看到你的对手。当你站起来时，你要把臀部向后移开，远离你的对手，并在你的头部抬起之前站起来。

图 10-43

图 10-44

当对手压在你身上，对手的头部在你头部的十二点钟方向，此时对手准备施展固技，你要尽快用你的右手抓住他的道带，用左手抓住他左腿的裤子，如图 10-46 所示，通过协调的身体扭动动作，向右把他翻转过来，让他的背在你的右侧。试图使用准确、清晰、简洁的语言描述正确的动作是很困难的。你要记住，不要仅仅依靠手臂的力量，最后的努力应该是与你的对手在同一方向的移动相一致。如果仅仅依靠单一的力量而没有与对手形成一个整体的朝相同方向的劲，如果你遇到一个体重大的对手，那么你的所有努力都将付诸东流。

图 10-45

图 10-46

第十一章　在骑跨体位施技

在柔道激烈的"乱取"中，你会不断地尝试骑跨对手。经验丰富的柔道选手会避免采取图 11-1 所示的姿势，因为以这种方式骑跨在一个熟练的对手身上几乎是不可能的，他很可能会抓住你的最靠近他的脚踝，侧身用腿推，如图 11-2 所示，这会迫使你拍垫认输，如图 11-3 所示。他将拇指向上，将右前臂桡骨边缘按在你的小腿上，用它切击你的小腿后面和下面的肌肉。这一动作的主要发力方法是通过挺直背部而不是仅仅使用手臂。

图 11-1

图 11-2

图 11-3

图11-4展示了将靠近对手头部的右腿靠近对方的身体是多么危险，以及你如何对付粗心大意的对手。一旦你在对手一侧，他会对你做一个强有力的锁腿动作，用左臂压住你的右脚背，同时用他的手臂拿住你的腿。或者他可以按照图11-5、图11-6和图11-7所示的动作去做。

图 11-4

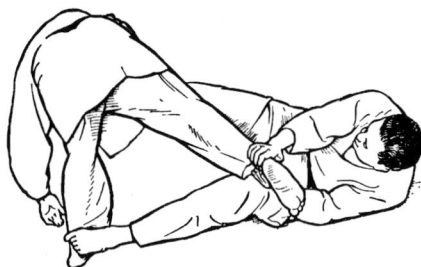

图 11-5

图 11-6

图 11-7

图11-8、图11-9、图11-10和图11-11展示了如何骑跨到一个没有很好控制住对手髋关节的下位选手身上，并实施纵四方固压制。

图 11-8

图 11-9

图 11-10   图 11-11

图 11-12、图 11-13 和图 11-14 展示了另一种对付对手的方法。在图中，对手没有听从之前的建议，试图直接骑跨。

图 11-12   图 11-13

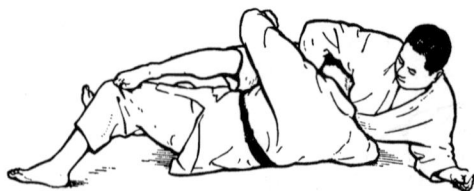

图 11-14

图 11-15、图 11-16 和图 11-17 展示了另一种情况，下位的对手通过骑跨在攻击者身上而反败为胜。

前面的 3 个动作都展示了进攻者的非常熟练的动作，你应该仔细学习。它们所体现的原则可以帮助你应对更强烈的攻击。

图 11-15

图 11-16

图 11-17

图 11-18、图 11-19 和图 11-20、 图 11-21、图 11-22 展示了以两种方法来击败试图骑跨的对手。图 11-8 ~ 图 11-11 中所有的动作都是为了展示不正确动作的无用性。

图 11-18

图 11-19

图 11-20

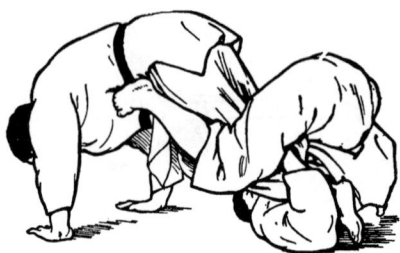

图 11-21

图 11-22

　　如图 11-23 所示，当你的脚被对手拿住时，你不能伸手去抓对手。他可能看起来没有意识到你的意图，但如果你这么认为，那么你肯定低估了你的对手。你会发现你将被对手推回来，如图 11-24 和图 11-25 所示。你将因为腿被锁住而认输，如图 11-26 所示。他甚至可能用他的左臂支撑自己，然后翻转你。虽然他不需要完全站起来，但他自己能够起身至图 11-27 所示的位置。记住，在图 11-27 中，你的对手向后倒意味着你的膝关节或踝关节可能会脱臼。

图 11-23

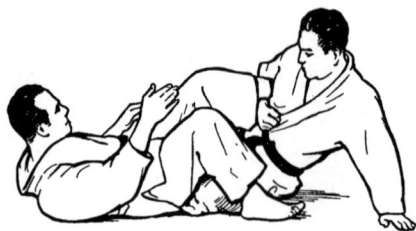

图 11-24

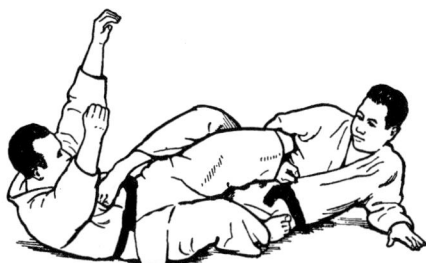

图 11-25

图 11-26

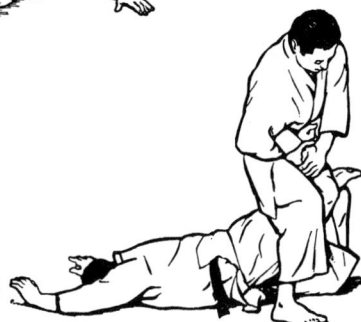

图 11-27

　　最典型的固定骑跨是如图 11-28 所示的纵四方固。在这种情况下，你的左手要抓住处于下位的对手的衣领，你的脚要控制住他的大腿。至关重要的是你的脚应平贴着他的大腿，这样即使他成功地向侧面翻滚，你的脚趾也不会受伤。脚趾呈锤状和脚部僵硬的人应该认真练习，直到能够控制脚趾为止。不要把你的前脚掌放在垫子上，因为你的对手会把他的臀部抬离垫子，他可能会用他的体重碾压你的脚。如果你像图中那样用脚控制住他，你的腿就会被对手抬着，并且会一直抵着他的臀部，让他无法完成侧滚。

图 11-28

骑跨姿势可能是最容易实施锁和绞的姿势。通常情况下，你可以将图 11-29 和图 11-30 中的锁臂技术应用于对手的任一手臂上。

图 11-29

图 11-30

图 11-31 中的锁双臂动作是非常有效的，但必须小心使用。双手运用柔道中常用的搭扣方式，右腿逐渐发力蹬地伸直。对手处于这种状态时无法拍垫认输，因此你必须观察他的其他认输迹象。你也可以向任何一边滚动，但是请记住所有关于图 11-32 讨论的内容。如果有必要，你也可以把左腿抬到与右腿对称的位置，以防止他有力地抬起臀部、起桥时向前推顶你。在你蹬腿后倒发力时必须小心，为了安全，你在平时练习中，在后倒到一定程度时要及时停止，避免给对手造成损伤。

图 11-31

图 11-32

图 11-33 展示了一个针对颈部和肘部的双锁技术，当你的双腿锁住对手的时候，两脚向前伸出搭扣就能很自然地做出这个动作。如有需要，你也可以略起身向左转身，然后用右手按住他的手腕，同时将左手放在自己身后的垫子上以获得支撑。

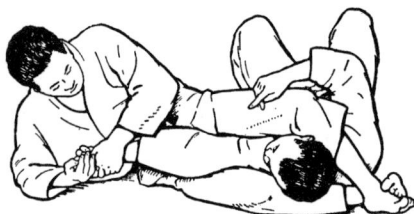

图 11-33

图 11-34 所示的动作不言自明。你用右手按住了他的喉咙，使他无法抬起头或肩膀，这样他就无法坐起来破解你对他右臂实施的锁技。

图 11-34

躺着的对手通常会试图抓住你的衣领，以实施绞技或把你拉过他的头。这是必须注意的，因为对手每次伸展手臂都给了你一个绝好的机会来锁住他的手臂。图 11-35 展示了如何实施锁技。如图 11-36 所示，你可以扭转肩膀，以增加对他的喉咙的压力，用你的右手拉他的右臂。你将大部分体重放在右脚上，身体前倾，如图 11-37 所示。你的左手收回与右手一起拿住他的右前臂，同时迅速将你的左腿向前摆动，横压在他的颈部，然后像图 11-38 中那样后倒。你的腹部在整个动作过程中都要与他的肘部紧贴在一起。在你后倒之前，不要把他被锁住的手臂压在自己身上形成杠杆，否则会有危险。

图 11-35

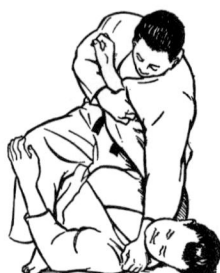

图 11-36

图 11-37

图 11-38

当对手展开他的腿准备把你顶过他的头部时，你可以通过图 11-39 或图 11-40 所示的固技来实施双腿锁。把你的脚沿着他的大腿滑到他的膝关节后面，用你的脚背钩住他的脚踝，你的脚趾向外，如图 11-41 所示。你的双腿用力把他的大腿压在一起，就好像你向上抬起你的大腿一样，你伸直腿，这样就可以在他的腿上形成一个似乎要折断其双腿的强大力量。你应该模仿图中人物的位置，直到你做对为止。当你的动作做正确了，你的对手会立刻有明确的感受。

图 11-39

图 11-40

图 11-41

图 11-42、图 11-43 和图 11-44 清楚地展示了骑跨姿势下非常有效的锁颈要领。在图 11-44 所示的最后一搏中，你必须注意不要太突然地拉伸对手的颈背，以免在他有机会拍垫认输之前扭伤他的脖子。

图 11-42

图 11-43

图 11-44

在骑跨姿势中可能会使用大量的绞技动作。你如果做了正确的绞技动作，就很容易将对手翻转过来。

图 11-45、图 11-46 和图 11-47 展示了最简单的绞技。一旦就位，你就用右手用力拉对方的右衣领，右肘要拉至超过道带的位置。用左手用力推垫子，左手腕尽量保持稳定。为了对抗这种绞技，下位的对手会用双手按住你实施绞技的左肘，并试图把它伸直，或者用右前臂顶住垫子以支撑自己。当他破除了压制，他会试图把你摔下去，或者在搏斗过程中把膝关节挡在你们之间。

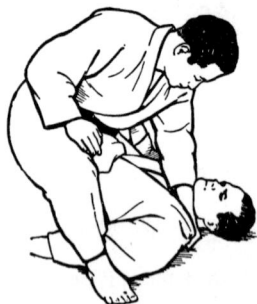 

图 11-45　　　　　　　　　　图 11-46

图 11-47

在图 11-48 所示的绞技动作中，颈部上的把位是对称的。你的双手交叉，拇指在道服外，其他所有手指都在道服内。两只手的手腕发力，用手背抵住他的颈动脉，拉动他的道服并拧转，使道服像图 11-49 所示的那样位于他的下颌下面。在做这个动作时，你要抬起他的下颌，使他的头向后仰，从而使他颈部的血管和神经受到严重的压迫。你也

可以抬起腰，并将对手拉起来，如图 11-50 所示，或者弯曲你的手腕
并将自己放低到对手面前，甚至如图 11-51 所示的那样将头靠在垫子上，
并用力将对手拉向自己，这样会大大增强效果。

图 11-48　　　　　　　　　　　　　　　　图 11-49

图 11-50　　　　　　　　　　　　　　　　图 11-51

　　一旦你对对手实施了正确的压制，他就很难摆脱困境。图 11-52
和图 11-53 展示了对手用他的手抵住你的上臂，抬臀起桥，试图把你
的右臂推直，甚至成功地把你摔出去。然而，如果你有一些经验和技能，
对手这样的动作很少会成功。因为如果你抵抗住了对手的攻击并向一
侧翻滚，你就可以把你的右膝关节放在垫子上，向右翻滚，把你的左
脚放在他的腹股沟上，如图 11-55 所示。挺直你的身体，扭动你的手腕，
他现在正被一种不可抗拒的力量绞住。与此同时，他的头也会被迫缩

回去。有时你可以使对手处于图 11-56 所示的位置。

图 11-52

图 11-53

图 11-54

图 11-55

图 11-56

　　图 11-57 展示了一种破解绞技的方法。你将对手绞住你喉咙的手腕拉开，并将肘部抵在对手的大腿上，然后你可以用力推动他的肘部，同时起桥，摆脱他的压制。

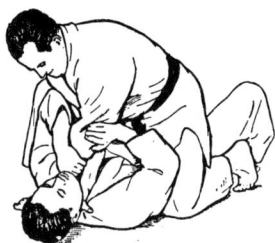

图 11-57

图 11-58 展示了另一种破解绞技的方法。如果被绞住的人还能把对手的腿压在自己的左腿下面，然后用左手去推对手的右臂，他就能完全扭转局面。

图 11-58

图 11-59 展示了破解绞技的方法。这种破解绞技的方法也常被用在图 11-60 所示的情况中。

图 11-59

图 11-60

图11-61展示了一种控制对手的绞技方法。他把下颌抵在他的胸前，使你的手腕的介入变得十分费力。你用左手抓住他的左衣领，四指在里，拇指在外，用右手抓住他的后衣领，如图11-61所示。用你的双手之间抓握的衣领来攻击对方而非用他的后衣领。他很可能会像图11-62中那样试图干扰你，你可以顺着他的左臂发力方向扭转你的肩膀，让你的右臂从他颈后转移到颈前。这是可以完成的，只要你的左手在正确的时刻移动衣领，从而允许你的右手移动即可。图11-63展示了这一动作的变化。

图 11-61

图 11-62

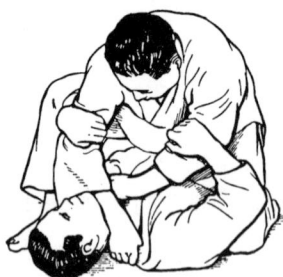

图 11-63

图11-64展示了一个锁住对方脖子的动作，你用双手按压对方的头部，双手不要分开，尽量抬高。这个动作比你想象的更复杂。你必须保持平衡，防止他坐起来，同时施加足够的压力迫使他拍垫认输。你的手肘必须压在他的肩膀上，腹部收紧。

图 11-64

　　总的来说，骑跨姿势对骑跨一方更有利。即使骑跨时间很短，骑跨一方也极有可能在向一边滚动的时候把腿绕在对手腰上。然后，他可以使用剪刀锁或其他的锁技控制对手。因此，你与体力充沛的对手一起练习平衡能力十分重要。

　　在骑跨位时，最普遍的原则是不要依赖于四肢中的任何一个作为永久的支撑，而是用你的大腿和脚控制住对手，就像图 11-65 和图 11-66 所示的那样。一般情况下要进行持续的调整。从另一个角度来看，你若在下方，应该趁早摆脱骑跨的对手，一旦他稳定地控制了你，你就比之前更难摆脱他了。如果你想成功，从一开始就不能给他任何喘息的机会。如图 11-67、图 11-68 或图 11-69 所示，你的一只手尽量放在他的背后，或越过他的肩膀抓住他的道带，另一只手抓住他的膝关节处或略低于膝关节处的裤子。你用力抬起臀部做起桥的动作，把他猛摔到你的旁边。当他骑在你身上时，如图 11-65 或图 11-66 所示，如果可能，你就用右手抓住他左膝以下的裤子，用你的左手抓住他的道带，如果你成功了，他将被转到你的左边。你应该进行初步尝试，并在对手向你左边移动时同步完成最后的动作。

　　另一种方法是用你的手抬起他的臀部。随着你的臀部向上推，你就顺着你头部的方向滑动。这样你就可以把你的膝关节放在你和对手之间，或者你把对手的膝关节放在你的大腿之间。最后一个目标是抓住他双膝以下的裤子，用你的臀部和手臂的力量把他举起来，在他再次俯下身之前把他的膝关节推到你的两腿之间。

图 11-65

图 11-66

图 11-67

图 11-68

图 11-69

　　总的来说，要想摆脱骑跨的对手，你必须避免对手的身体和你接触，抬起你的臀部做起桥的动作，同时你在手臂的帮助下把他翻转到你的右边或左边。为了确保你们的身体分开，你和他之间要用一个膝关节隔开。

图 11-70

图 11-71

图 11-72

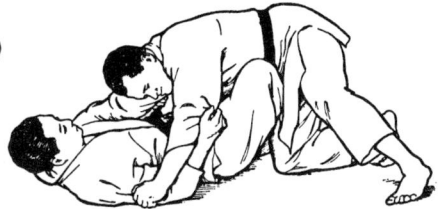

图 11-73

图 11-74

图 11-70、图 11-71、图 11-72、图 11-73 和图 11-74 展示了当你与对手脱离接触、低下头时可以取得初步成功的动作，这样就变成了我们讲的从六点钟方向进攻。

第十二章　从背后施技

当你处于俯卧状态时，你看不到对手，你的手臂和腿主要用来支撑你的身体，你的道服和道带给站着的对手提供了足够多的机会来绞住你或者以其他方式控制你。然而，你和对手在"乱取"的过程中，几乎不可能不出现面对垫面的情况。你必须使面对垫面的状态尽可能少一些，且持续的时间尽可能短一些。

如图 12-1 所示，你的对手四肢着地，你将左手放在他的下颌下面，你的右手尽可能地抓住他右侧的衣领，你的右前臂压住他的右肩。你的左腿靠在他的肩膀上。你的身体前倾，你的左小腿向两点钟方向推他的左手腕，然后用右手撑地、右肩着地翻滚。他的抵抗会阻碍你的翻滚，你可以用左腿抬起他的左臂，翻转他，让他跟随你一起翻滚，如图 12-2 所示。你完成翻滚后就处在了图 12-3 所示的位置。你可以用你的左脚勾住你的右膝窝，并把右手滑动到他的头部后面。

你伸展身体，头抵在垫子上，呈反弓状态。你用右手推开他的头，同时用左手用力拉他的衣领。他的左肩由于你的臀部的提升而向后伸展，你的左大腿压住了他的肘部。他现在被你绞得死死的，他唯一能做的就是跳动，如图 12-3 所示。你可以向右移动迫使他仰卧，如图 12-4 所示，从而迫使他的头向前并伸展后颈肌肉，他会像图中那样用脚拍垫认输。

如果你不改变他的手臂的位置，而是在他的头后面移动你的右手，沿着他的手臂滑动你的肘关节，然后把你的肘关节放在你的头后面，这样你就对他的右臂形成了反关节，可以造成他的右臂脱臼。实践经验会引导你使用自己喜欢的 1~2 种降服方法。

图 12-1、图 12-2、图 12-6 和图 12-7 值得你认真研究，因为它们展示了许多绞技和把位的关键位置。如果你不像图 12-2 中那样，而是把你的右腿对称地放在对手的另一个肩膀上，然后身体向前倾，你的右手或前臂放在他前面的垫子上以支撑自己向右侧滚动，你就会使他处于图 12-5 所示的位置。这张图展示了上述这个动作从对手的右侧开始的最后阶段，因此是这个动作的镜像描述。

图 12-1

图 12-2

图 12-3

图 12-4

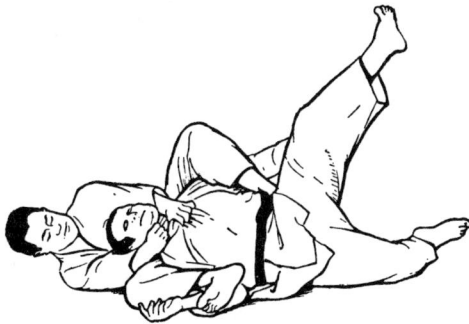

图 12-5

图 12-6   图 12-7

　　一般来说，你应该尽量抓住对手的衣领，把他的衣领拉过他的喉咙，强迫他按你的意愿滚动。图 12-6 展示的就是这样一个动作。图 12-8 展示了如何通过伸直膝关节来打破他的平衡。图 12-9 展示了一种跟踪连续攻击的方法。

图 12-8

图 12-9

图 12-10、图 12-11 和图 12-12 展示了如何将对手翻过来。注意图 12-12 中你的右膝关节的位置。

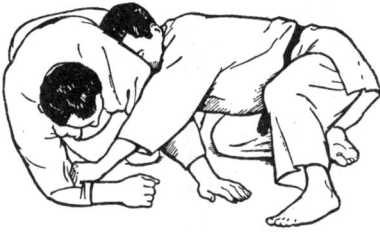

图 12-10

图 12-11

图 12-12

图 12-13、图 12-14、图 12-15、图 12-16 和图 12-17 分别展示了伸直对手膝关节、让你的对手趴在地上或控制他的方法。同时，你要牢牢地绞住他，这样你就可以把他翻过来，使其仰面朝上。

图 12-13

图 12-14

图 12-15　　　　　　　　　　　　　图 12-16

图 12-17

图 12-18 展示了把对手翻转成背朝下姿势的方法。你要向前移动重心，这样你的左臂才能拉起对手，防止他平躺而压到你支撑垫子的左脚。绞技是阻止他这么做的主要手段。图 12-19 和图 12-20 展示了使对手翻身后的两种不同的处理方式。

图 12-18　　　　　　　　　　　　　图 12-19

图 12-20

图 12-21、图 12-22 和图 12-23 展示了从图 12-14 中所示位置开始的两个组合锁技。处于这种位置时，对手被迫翻身。如果你有一个好的陪练，弄清楚这些动作的初始步骤并不困难。

图 12-21

图 12-22

图 12-23

图 12-24 和图 12-25 展示了两个针对头部的关节技。你一旦学会了保持身体平衡的方法，就不需要什么技巧了。

图 12-24

图 12-25

图 12-26、图 12-27 和图 12-28 展示了使用四肢支撑站立时在对手的脖子上实施剪刀绞的方法。注意图 12-26 中进攻方是如何将身体的压力施加在对手的右臂上的，以及对手是如何被背部上方的压力所阻止的。

图 12-26   图 12-27

图 12-28

图 12-29 展示了对手交叉双手抓住自己的衣领进行防守的方法。如果你不能像图 12-29 中那样设法把你的拇指放在他的后颈部的衣领里面进行抓握，你可能很难对付一个采取这种防守姿势的有经验的对手。一旦你成功拿到他的后颈部的衣领，你就去抓他的裤子，如图 12-30 所示。你的身体往回拉（注意你的右臂被拉直了），然后你把胸部当作一块木板，想象这块木板放在一根圆木上滚动，把你自己移向右边。与此同时，你把左手腕放在他的脖子下面，强迫他进入如图 12-31 所示的位置。

图 12-29

图 12-30

图 12-31

　　图 12-32 展示了翻转对手的同时施展一个非常有效的锁头技术的方法。你的右手抓住他的右衣领，你的左手从他的右腋下伸出抓住他的道带。图 12-33 展示了下一步将要完成的动作，将你的臀部移到左边，你的胸部再次充当一块木板在圆木上滚动，在不脱离接触的情况下，像图 12-33 中那样将他翻过来。你要不断调整身体，同时从正面位置移动到图 12-34 中的位置。还要注意用你的右臂绞住他的基本动作，一开始是强迫他翻滚，然后逐渐变成图 12-34 中的锁头姿势。

图 12-32

图 12-33

图 12-34

图 12-35 和图 12-36 展示了一个比你想象中更困难的动作，因为你的小腹要向前和向下按压，而你的上半身要向上提拉。一个肌肉僵硬的对手可能会因感觉到他的胸肌延伸而认输。在这种情况下，他几乎没有办法发出认输的信号，你必须仔细观察他传递出的轻微认输信号。

图 12-35

图 12-36

图 12-37、图 12-38 和图 12-39 展示的动作相对而言有趣大于有用。

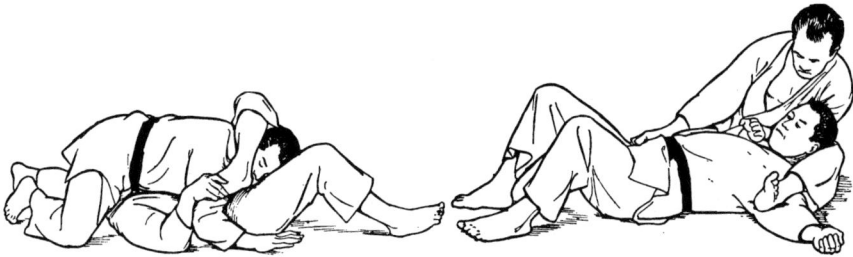

图 12-37   图 12-38

图 12-39

图 12-40 展示了常用绞技的一个非常有效的变化。你应该仔细研究头部向前推进的方式，因为这样做比将手放在对手的手臂下抓住他的另一个衣领容易得多。这种变化方式应该与所有的绞技联系起来研究，你可以比较图 12-41 和对手背对着你的其他图片。

图 12-40   图 12-41

当对手如图 12-42 所示四肢着地时，你可以立即锁住他的手臂。
图 12-43 在这方面很有启发性。图 12-44 展示了另一种处理方法。

图 12-42

图 12-43

图 12-44

当你抓住对手的手腕并将其拉向右侧时，他会跌倒（图 12-45）。
你用膝关节在他大臂上用力按压，他会感到剧烈的疼痛，这足以迫使
他认输。

图 12-45

图 12-46 和图 12-47 所示的动作一目了然，就无须多说了。

图 12-46

图 12-47

本书中描述的所有动作并不是都具有同样的重要性。有些动作是给读者的一般知识，了解它们就足够了，不需要花太多时间去达到精通的程度。认真的练习者可以尝试大部分的动作，每组只掌握 1 ~ 2 个，最好是最简单的。

为了避免出现严重的伤害，比赛中不允许使用交叉双腿或双脚的锁技挤压对手的身体，除非在重要的器官上至少有一只手臂或其他东西保护。然而，如果你只是为了避免被锁技困住，那么应该在"乱取"中多练习。

原始照片

/ 原始照片 /

本书用了300多幅图片来说明一些技术动作的细节。这些图片都来自摩谢·费登奎斯和川石酒造之助展示的动作照片。在目前的版本中，我们增加了一些原始照片用于制作图片，以供读者进一步参考。

——编辑

第八章　从六点钟方向施技，图 8-1~图 8-15（从左至右排列，第九章和第十二章同）。

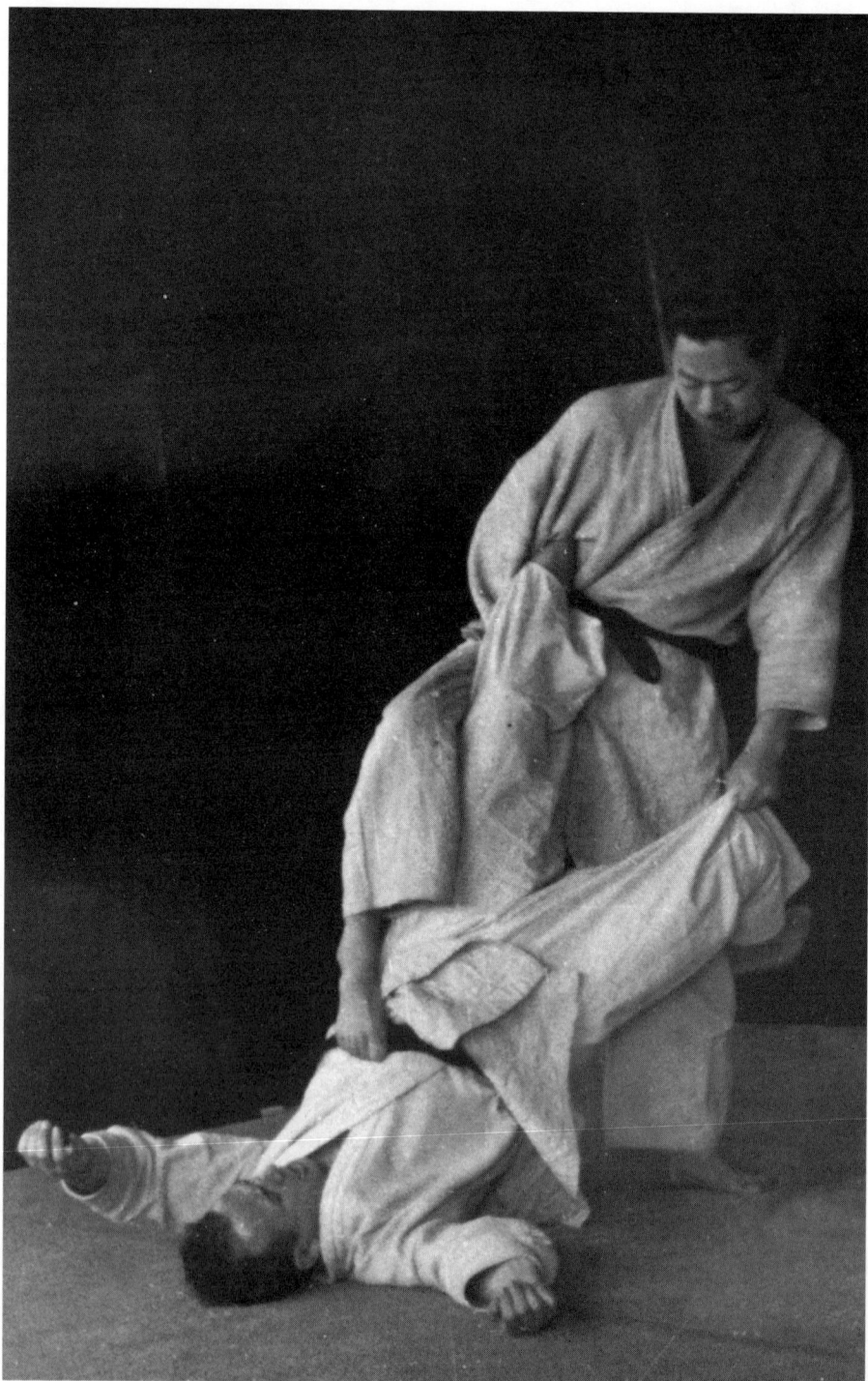

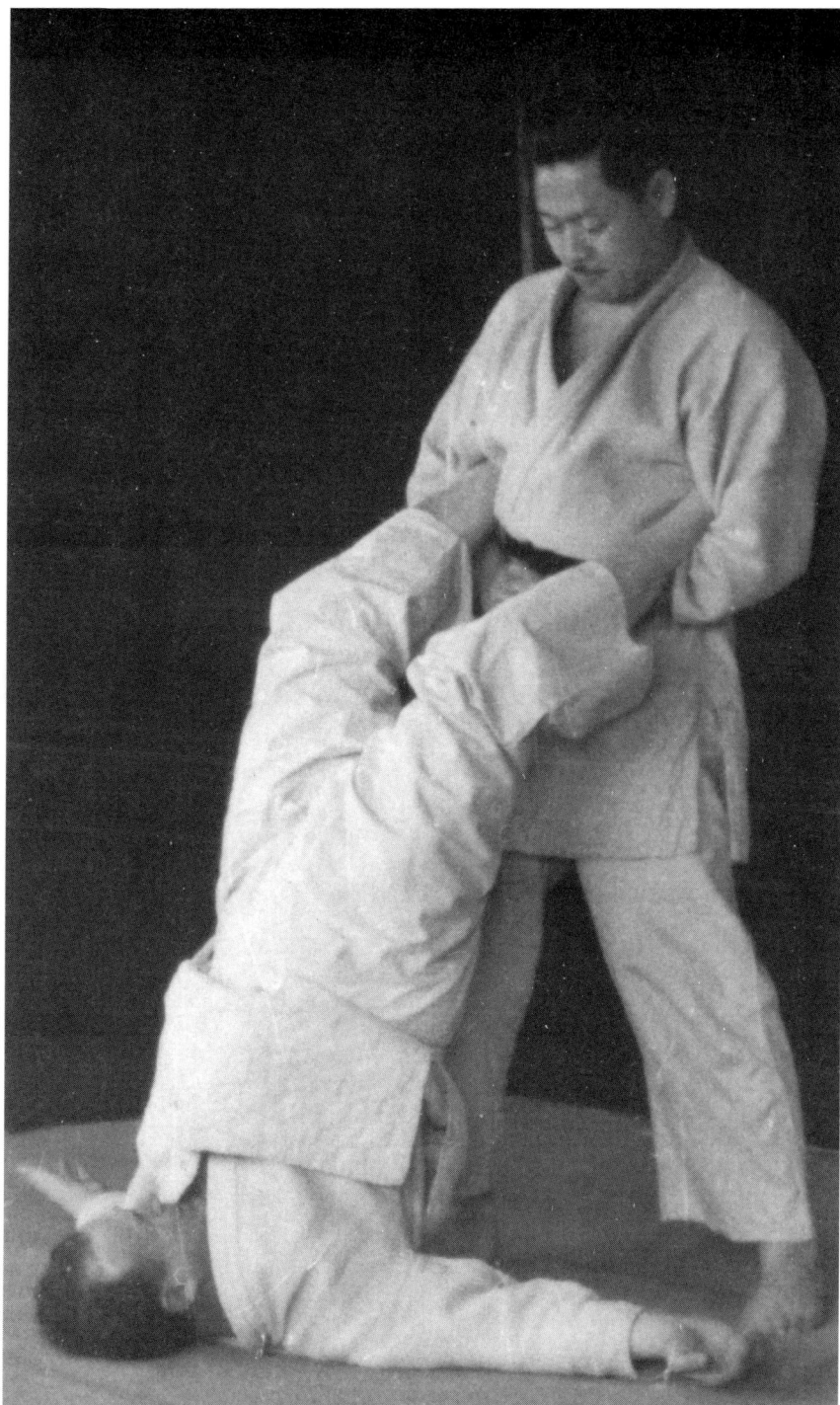

第九章　从右边或左边发动进攻，图 9 -18～图 9-21。

第十二章　当对手俯卧时的进攻方法，图 12-13～图 12-20。

/ 译后记 /

可能与许多人不同，我是因为柔道，才闯入了摩谢·费登奎斯（Moshe Feldenkrais）先生的世界。

《至柔之道》（Higher Judo - Groundwork）是一部关于柔道寝技的专著，作者是著名物理学家、柔道家、身心学家摩谢·费登奎斯先生。《至柔之道》共十二章，前四章从柔道的修炼说起，讨论了柔道独一无二的特性，在此基础上阐释了寝技的重要性和使用原则，随后作者用大量的篇幅对寝技的技战术进行了书写。《至柔之道》内容广博、见地深刻，翻译的过程让我受益匪浅。

对于当代中国读者来说，这本最早用法语于 1951 年出版的书有些"特别"。一方面，这本书拥有极为开阔的视野，充满了科学精神。作者没有局限于柔道技术本身的讨论，而是为我们提供了很好的柔道洞见。科学家出身的摩谢·费登奎斯时刻关心柔道对人体所产生的有益影响，同时将物理学、生理学等科学原理融入柔道之中。这无疑很好地拓展了柔道的科学文化内涵。另一方面，作者对柔道寝技中六个方位（体位）的划分，反映了其对柔道寝技立体化的全方位理解，即使在今日仍旧闪烁着思想的光芒。

本书的作者摩谢·费登奎斯是一位充满传奇色彩的杰出人物。14 岁时，摩谢·费登奎斯独自远行前往巴勒斯坦，在那里他一接触柔术便显示出了异于常人的天赋，成功对柔术进行了基于实战价值取向的改革。在第二次世界大战中，作为犹太人，他颠沛流离到巴黎继续学习和生活，机缘巧合地接触到了嘉纳治五郎先生，得到了嘉纳治五郎先生的慷慨帮助，进而成为法国柔道先驱，为法国乃至整个欧洲柔道的早期发展做出了重要贡献。熟悉摩谢·费登奎斯的人都知道，他在科学研究方面的起点非常高，有着令人羡慕的科学研究平台，本可以成为一名伟大的物理学家。但是，柔道让摩谢·费登奎斯发现了自身另一个令人欣喜的天赋与潜能，他毅然舍弃了科学研究的道路，而成为柔道的拥趸，最终又在柔道的基础上创立了自成体系且特色鲜明的身心疗法——"费登奎斯方法"。这让他成为了一位蜚声国际的身心学家。在这个世界上，能像费登奎斯一样取得卓越成就的人真的是凤毛麟角，在翻译的过程中我时常如此感慨。

寝技是柔道的重要核心技术之一，然而寝技并不为我国人所擅长。1930 年，中央国术馆公派唐豪带领朱国桢、杨松山、杨法武、李元智、郭世铨及张长海一行，赴日观摩学习。在观看了杨法武等与东京神田区神保町前田道场的柔道家进行交流切磋后，唐豪很快认识到柔道的地下制人方法（寝技）是中国摔跤所没有的技术，以至于当日本选手将战斗拖入地面后，杨法武本着扬长避短的原则而不得不放弃地面较量。唐豪因此指出，寝技是柔道的精妙之处，"我们将来要与日人作国际比赛，这地下制人的功夫非特别研究不可。"有趣的是，在世界的另一边，摩谢·费登奎斯也是在这一年辗转到法国，想必他已开始侧重研究柔道寝技。

唐豪当年的忠告似乎没有引起国人的注意和重视，以至于直到现在我国柔道仍是偏重投技，疏于寝技，打法单一，在国际比赛中能够将投寝二元统一，完美结合使用者寥寥无几。更有甚者舍本逐末，仅仅将柔道作为一项运动技术练习，而忽略了柔道中蕴含的哲学真谛、教育价值以及科学精神。在接到北京科学技术出版社的翻译邀约后，我慨然应允的原因便是希望能够通过摩谢·费登奎斯的这部著作，引起国内柔道学习者对寝技足够的重视与热爱。为中国柔道之学查遗补缺是我翻译本书的初衷。

由于国际柔道规则的变化，摩谢·费登奎斯在这本书中所讲的个别技术已经被国际柔道联合会（International Judo Federation）的最新规则限制使用，但是它们仍然是柔道的重要组成部分。掌握这些技术，对于我们理解柔道的历史与文化精神，领悟摩谢·费登奎斯的柔道思想具有重要意义。

比知识更重要的，是著作所传递的精神要义。《至柔之道》作为摩谢·费登奎斯最后一本柔道专著，其中蕴含了他最精华的柔道思想，能够翻译这样一本著作，把它带到汉语世界，是我的荣幸。理解柔道，成就更高级的中国柔道，我们必须放眼海外去认识柔道，然后站在更高的视角来重新认识中国柔道。

"问渠哪得清如许？为有源头活水来。"希望海外柔道之学能够为中国柔道赋予新能量，带来新动力，期待中国能够早日重回柔道强国之列！

龚茂富 博士 教授 博士生导师

中国大学生体育协会柔道分会秘书长

/ 相关竞赛规则 /

一、进入寝技 （Newaza）

在下列情况下，比赛选手可以从站立姿势向寝技转移，但当技术不再继续发展时，主裁判员可令比赛的双方恢复站立姿势。

1. 比赛的一方施展投技取得相当效果，然后没有停顿地转入用寝技进攻。

2. 比赛的一方因施展投技没有成功而倒地，或失去平衡，在有倒地倾向时，另一方趁机转入施展寝技。

3. 比赛的一方以站立姿势施展绞技或关节技取得相当效果，然后没有停顿地转入寝技。

4. 当双方都处于站立的姿态，禁止使用绞技或关节技。

5. 比赛的一方使用一个类似投技但不完全是投技的技术动作使对方倒地，然后没有停顿地转入寝技。

6. 在上述各项没有包括的任何情况下，比赛的一方利用对方倒地或将要倒地的机会转入寝技。

7. 选手没有施技而直接将对手拉倒并施展寝技，主裁判员应宣告"停"，并给予"指导"处罚。如受技方倒下后，利用此机会顺势施展寝技，在这种情况下，主裁判员应让该选手继续施技，然后给予直接将对手拉倒的选手"指导"的处罚。

二、与寝技相关的较轻违规"指导"（Shido）的条件

1. 没有施技的动作，而直接将对方拉到垫子上施展固技。

2. 将腰带的末端或道服角缠绕于对方身体任何部位作为控制对方的方式。

3. 用自己道服的衣襟角或腰带向对方实施绞技。

4. 为摆脱对方的抓握，以反手扭脱对方的手指。

5. 将手或脚放进对方的腰带或道服内，有利于摆脱对手的控制。

6. 采用单手或双手、单臂或双臂直接抓握对手腰带以下部位或阻挡对手的进攻（当双方停止投技，明确地实施固技才允许抓握腿部）。

7. 直接施展飞身十字固攻击对手，而没有倒地。

8. 采用双肘或双手向后支撑身体以防止失分的动作，将会处罚"指导"（Shido）。

三、与寝技相关的严重违规——犯规输（Hansoku-make）的条件

1. 双脚以剪刀形夹住对方的躯干【实施胴绞（Do-jime）】、颈部或头部（双脚交叉，同时伸展双腿）。

2. 对对手手肘以外的任何部位施展关节技。

3. 做出任何有可能伤害对方或使对方处于危险中的动作。

4. 把躺在垫子上的对方提起来，再向垫子上砸下去。

5. 施技方或受技方施展可能伤害自己或对方的颈椎或脊椎的动作（DIVING）。

6. 因站立直接施展关节技攻击对方而使身体倒地。

四、其他

1. 完美地施展投技，并且施技成功后才进入寝技的状态，在这种情况下，允许抓握腰带下方部位，并应被给予"技有"得分。

2. 在投摔着地的瞬间，如果对手已进入寝技状态，可允许施技方触摸腰带以下的部位，被视为寝技动作。

3. 青少年柔道赛允许使用关节技及绞技，但少年赛（U18）中如选手因被对方施展绞技而晕倒，但该选手未有拍打认输的动作（因出现危险状况），该选手将不被允许参加当天余下的赛事。

4. 如因中断某一个动作而可能对选手造成危险时，主裁判员不应叫停比赛。

/ 跋 /

经过认真阅读龚茂富教授所翻译的《至柔之道》一书，我对柔道技术的学习和研究有了更深刻的理解。我深深敬佩法国柔道先驱摩谢·费登奎斯在柔道技术训练中的理念和创新。尤其在当今世界柔道运动蓬勃发展的背景下，竞技水平不断提高，取得优异成绩变得更加困难。这也使得我们这些从事专业柔道训练的教练员和运动员，面临更高的训练难度和标准。近些年来，中国柔道训练遇到了一些挑战，从 2012 年伦敦奥运会到 2016 年里约奥运会，再到 2020 年东京奥运会，我国连续三届奥运会未取得柔道项目的金牌，尽管教练员和运动员们进行了艰苦卓越的努力，但仍未达到预期目标。我自己也一直在深思这个难题。

费登奎斯先生早年从事物理学研究，曾经在法国著名科学家弗雷德里克·约里奥－居里的实验室担任研究助理。在法国工作之余，他还醉心于柔道运动，并幸运地遇到了在法国传播柔道运动的嘉纳治五郎先生，向其学习了传统柔道技法和理念。嘉纳治五郎先生回日本后，派遣了专业的柔道教练前来法国，为费登奎斯先生提供一对一的柔道专项训练。这使得费登奎斯先生的柔道技术水平得到全面的提高。更为难得的是，费登奎斯先生用科学家的眼光，从生物力学的角度进一步发展和创新了柔道技术，特别是在寝技方面有独树一帜的见解。他的贡献奠定了法国乃至欧洲柔道寝技在世界上的领先地位。

《至柔之道》一书详细讨论了柔道的寝技技术方法和实战应用。这些技术包括从 6 点钟方向发动进攻、从右边或左边发动进攻、在骑跨体位发起进攻等等。它们形成了攻守兼备的体系，优化了寝技的实用效果。费登奎斯先生在寝技方面的独特贡献，为早期欧洲柔道的发展打下了坚实基础，也为现代柔道寝技技术的发展奠定了基础。

　　随着世界柔道运动的发展和国际柔道联盟出于运动员安全的考虑对比赛规则进行不断修改，一些传统的寝技技术在比赛中受到了限制。尽管如此，这些技术仍然在柔道技术的发展过程中扮演着重要的角色。因此，我们这些从事专业柔道训练的教练员、运动员以及柔道爱好者需要学习、传承柔道的历史和文化，以确保这些宝贵的文化遗产不会失传。

　　最后，我想强调一下在《至柔之道》一书中，费登奎斯先生提出的"没有心理训练就没有身体训练"的观点。柔道训练不仅仅是身体上的训练，更是一种心理上的再教育。没有强大的心理素质，就无法进行有效的身体训练。因此，情感、思想和精神的训练与身体上的训练同等重要。或许，我们的瓶颈就在于此。

程志山　博士

柔道八段

中国柔道国家队原总教练